科学立规矩 孩子不叛逆

蔡万刚 著

天津出版传媒集团
天津科学技术出版社

图书在版编目（CIP）数据

科学立规矩，孩子不叛逆 / 蔡万刚著 . —天津：天津科学技术出版社，2020.4（2024.5 重印）
ISBN 978-7-5576-7631-5

Ⅰ．①科⋯ Ⅱ．①蔡⋯ Ⅲ．①儿童教育—家庭教育 Ⅳ．① G782

中国版本图书馆 CIP 数据核字（2020）第 054319 号

科学立规矩，孩子不叛逆
KEXUE LI GUIJU, HAIZI BU PANNI

责任编辑：梁　旭
责任印制：赵宇伦

出　　版：	天津出版传媒集团 天津科学技术出版社
地　　址：	天津市和平区西康路35号
邮　　编：	300051
电　　话：	（022）23332369（编辑室）
网　　址：	www.tjkjcbs.com.cn
发　　行：	新华书店经销
印　　刷：	三河市金兆印刷装订有限公司

开本 710×1000　1/16　印张 12　字数 116 000
2024年5月第 1 版第 2 次印刷
定价 49.80 元

有
YOU DU
度

有温度，有态度，有深度
Warmth, Attitude, Depth

任何一个人的任何一个行为，在他自己看来都有绝对的理由。

孩子的行为在他自己看来，总有他自己的理由，只不过也许在我们看来是不对的，或者说是不成立的。

一旦我们认为"不对"，我们习惯用自己的方式去强力压制，以为说一不二地制止，给孩子施压，他们就会印象深刻，就会知错改错。事实上，不是这样的。

如果孩子觉得有理由这样做，却被粗暴指责，委屈的情绪上来了，全盘不接受也是可能的。

如果你不倾听孩子的心声，就无法搞清他行为的原因。如果你搞不清楚他的理由是什么，想改变他的缺点就是不可能的。

人之初，性本痴，孩子的行为习惯与社会标准不符，本是成长中的必然现象。但很多家长没有这个认知，只要孩子的表现不符合家长的期待，这个行为就被认定是"错误"的，这个时候，很多家长的做法是指责孩子。不管孩子能不能听得懂，连珠炮似地说一堆大道理，甚至恶语相加，然后希望孩子知错就改，还要态度真诚。

但实际上，这就是通过简单粗暴的高压政策强迫控制他人行为，以此来满足自己的心理。往往，在同事或朋友与我们意见相悖时，我们大多能注意到"委婉温和"地提出意见，避免伤害对方情感和自尊，知道应该就事论事，不带着情绪展开人身攻击。因为我们知道，劈头盖脸的指责，只会令人怒目相向，更别说去接受自己的意见。但面对孩子时，却往往因为他们做错一件事，说错一句话，而大动肝火。

父母因为生气而扭曲的面孔，会令孩子感到深深的恐惧和委屈，增加孩子认识错误和改正错误的难度。更何况，我们理直气壮地指责孩子做错的事情，有时候并经不起推敲。

怎样的做法才是正确的呢？

让孩子明是非，知对错，绝不是"我怎么说，你就怎么做"，总的原则是："温和对人，坚定对事"。

也就是说，家长既要懂得坚决制止孩子的不良行为与习惯，在孩子犯错或即将犯错时，及时对他说"不可以"，甚至对孩子进行必要的处罚，更要知道犯了错的孩子尤其需要爱。尤其在孩子闯了祸、不知所措时，应该把他抱在怀里，轻轻地告诉他："爸爸、妈妈爱你。"轻声细语地给他讲，为什么"不可以"，相信此时的孩子，更能明白父母的一番苦心，接受父母的教导。

《科学立规矩，孩子不叛逆》是一本根据中国儿童性格特征为中国的父母们精心撰写的家教指南。本书立足中国家庭教育现状，博采广集成功的教子经验，全面、系统、细致地将为孩子定规矩的整个过程清晰地展现在读者面前，为中国家长如何给孩子制定规矩提供了一套完整、科学、高效的参考方案。掌握跟孩子定规矩的科学方法，孩子就愿意按你说的去做！

目录
COTENTS

第1章 为什么叛逆

孩子不听话，往往都是爸妈做错了

叛逆不是孩子的错，越打、越骂、越生气，孩子越抗逆。放弃对孩子的控制，才能获得更多的掌控权；不再强迫孩子听话，孩子才会开始听你的话。

为什么，他如此叛逆 /002

你越骂，孩子越不听话 /005

所有叛逆都是对束缚的反抗 /008

宽严适当，才叫好家长 /011

给孩子一个拥抱，试试看 /016

错爱一 听话的，未必是"好孩子" /019

第 2 章　你就是规矩　021

父母做好表率，孩子才懂规矩

规矩不仅仅是立给孩子的，父母更要严格遵守，以身作则。如果父母单方面要求孩子，自己却违背规范，就会在孩子面前丧失信誉度和权威感。这样的规矩变了质，只能流于形式。

你做的"坏事"，孩子都看在眼里　/022

做个好榜样，就是最好的规矩　/025

别人家的孩子，很难成为孩子的榜样　/029

向孩子敞开心扉，他会接受你的建议　/032

苦肉计：以责怪自己感化孩子　/035

通过良言善行熏陶孩子的秉性　/038

错爱二　一管一护，孩子管不住　/041

第 3 章　沟通的温度　043

说到孩子心里去，孩子才肯用心听

爱的语言，使孩子更容易接受你的要求和忠告。带着温度去说话，才能开启孩子的心灵世界，与孩子达成美妙的亲子沟通，让孩子在你的引导下身心健康发展。

你说孩子不行，他就不行给你看 /044

俯下身说话，孩子才愿对你说心里话 /048

一味说教，孩子才不服管教 /051

孩子缺点明显，也不能任意贬低 /054

怎样去批评，孩子才愿意听 /057

不允许胡搅蛮缠，但可以合理争辩 /062

错爱三　父母这样说话，孩子很受伤　/065

第4章　毛病也是病　/067

好品行得益于好规矩，这样教孩子没毛病

面对孩子的毛病，父母需要拿出更多的耐心和宽容。不可以纵容，也不要瞎指挥、乱批评，更不要期望一蹴而就。孩子的好品行是在生活中一点一滴养成的。

孩子蛮横又任性，这样管教没毛病 /068

纵容孩子"玩火"，小心他"玩火自焚" /073

恰当处罚，是为了让他更好地长大 /076

及时阻止孩子可能犯下的严重错误 /079

让孩子在错误中得到应有的教训　/083

利用契约限制，让孩子按规则办事　/086

错爱四　父母越在意，孩子越没自制力　/089

第 5 章　定力的修炼　091

好习惯就是好规矩，孩子管好自己就能飞

改变孩子坏习惯的关键，在于培养他习惯的良好惯性。培养孩子的好习惯，就要靠你给他创造出合适的生长环境，轻巧而不费力地引导他到你想让他去的地方。

遏制说谎，不妨从奖励诚实入手　/092

纠正孩子的粗心，需要父母的细心　/096

孩子的拖延，往往来自爸妈催促　/100

科学定规矩，让孩子学会合理上网　/104

临时隔离，让孩子学会理性行动　/108

错爱五　孩子不贪玩，才是好小孩？　/113

第6章 别强迫学习 115

让孩子自己爱学习，他才没有厌恶情绪

如果只关注孩子的学习，只会让孩子厌恶学习。厌学的孩子往往都是由父母造成的。所以孩子调整的同时，父母也要积极配合，找到自身的问题，与孩子一同成长。

- 孩子厌学很常见，家长应该怎么办　/116
- 父母越督促，孩子就会越抵触　/119
- 孩子做作业拖延，不能硬管要会管　/122
- 利用竞争心理，让孩子主动去"比"　/128
- 借助逆反心理，让孩子自己要学习　/133

错爱六　对孩子期望太高，孩子反而会被压倒　/139

第7章 请遵守礼仪 141

不管穷养富养，都不如给孩子一个好教养

孩子的一举一动，都真实地反映了父母的教养。在孩子年龄尚小、理性不足时，父母要站在孩子的立场上，尊重儿童天性，用正确的方式，帮助孩子从小建立"遵守规矩、讲究礼仪"的理念。

孩子不懂礼貌，爸妈一定要好好教 /142

人越多越"疯"，适当引导就行 /146

孩子爱说脏话，光靠打骂是没用的 /150

遏制孩子攻击性，首先给他同情心 /153

别替孩子代过，让他自己承担责任 /156

错爱七　多少家长，忘了教孩子学会孝敬 /159

第8章　交朋友规范　161

教孩子社交守规矩，找到亲密无间小伙伴

大多数孩子的社交技能并非与生俱来，需要指导孩子才懂规矩。如果你的孩子在社交方面存在困难，你需要一个切实有效的解决方案，让孩子懂得社交规则，让孩子知道如何表现得体。

孩子的暴力倾向，我们怎样科学阻挡 /162

怕孩子吃亏，也不能教他以牙还牙 /166

节制盲目自大，别让孩子自恋没底线 /169

让爱挑剔的孩子，学会宽容世界 /172

对待铁公鸡孩子，如何让他学会分享 /175

错爱八　孩子的自私，有多少是我们给的 /179

第1章

为什么叛逆

孩子不听话，往往都是爸妈做错了

叛逆不是孩子的错，
越打、越骂、越生气，孩子越抗逆。
放弃对孩子的控制，才能获得更多的掌控权；
不再强迫孩子听话，
孩子才会开始听你的话。

为什么，他如此叛逆

"唉，这孩子，为什么越来越不听话了？"

"现在的孩子没法管了！"

这是许多父母经常发出的感叹。是的，孩子的叛逆让人头疼。家长们总是很诧异，为什么孩子小时候吃饱喝足就皆大欢喜，孩子越大，满足得越多，要求也越多。到了一定程度，只要稍微不如意，他们就跟父母对着干，无论怎样教育，都毫无成效。这是什么原因呢？

其实，孩子的叛逆心理并非像我们所想象的那样——故意和父母对着干，也不是孩子越大就越不听话了。从某种程度上来讲，孩子的叛逆行为，其实也是一种渴望独立的信号。

随着年龄的增长，孩子不再对父母的话"唯言是听"，而是渐

第1章　为什么叛逆
孩子不听话，往往都是爸妈做错了

渐地有了自己的想法，并能根据自己的经验做出相应的判断。这时候，如果做父母的不懂得及时沟通、及时了解，仍然凭借自己的人生经验，依照自己的想法去教育孩子，把他们当作一个什么都不懂的人，就很容易使孩子听不进去大人的教导，也很容易使孩子滋生逆反心理，从而使矛盾不断升级，变成和父母对着干了。

徐靖刚满17岁，正在一所重点中学读高三。为了使徐靖能够考上理想的大学，有一个锦绣前程，父母给他找来了三位辅导老师，分别对徐靖的"语数外"进行课外辅导。谁知，徐靖根本不听话，每当辅导老师登门授课时，他就对辅导老师爱答不理的，有时甚至连招呼都不打，就跑到外面上网去了，使得辅导老师来过几次后，就再也不愿意来了。眼看高考临近了，徐靖的父母开始苦口婆心地劝导他。

"你能理解我们为你请老师的用心吗？"徐靖的妈妈问道。

"这还用说吗？当然理解，只是不想说出来而已！"徐靖回答。

"那你为什么对老师这么冷淡呢？"

"因为我已经长大了，我有自己的学习计划，有自己的学习方法，干吗还要把我当作小孩子一样？"徐靖反问起来。

……

面对孩子的不满，徐靖的父母似乎无言以对。

徐靖已经17岁了，虽然不是特别成熟，可他已经是一个能够独立思考的人了，如果家长还把他当成一个随时需要被呵护的人，那么，孩子肯定接受不了。

由徐靖的事情我们可以看到，很多家长由于历史和家庭条件的限制，很多愿望不能完成，因此他们把所有的希望都寄托在了儿女身上，全心全力地想把他们打造成琴棋书画样样精通的全能人才，应该说，家长总是想把孩子纳入自己设计好的轨道。而当家长的以成人化的理念和要求与孩子的想法以及目标相逆时，便会产生碰撞。此时家长就认为是孩子在学"坏"，孩子变得叛逆，却不曾想过，孩子是想有自己的主见。

面对孩子的叛逆，家长需要正确对待，而不是一味地以父母的权威压制他们。

我们的孩子对万事万物已经渐渐地有了自己的想法和主见。所以，他们总觉得，长期以来，父母与师长对他们灌输的思想与理念，竟然有许多地方是"不对"的。于是，他们就滋生了叛逆的心理，希望能得到家人与外界的认可。其实，叛逆并不是什么大不了的事情，它不过是孩子渴望独立的信号，是一种希望得到认可的方式。

你越骂，孩子越不听话

孩子由于缺少自控能力，往往会有许多缺点：淘气、不听话、不爱学习、不讲卫生、说谎……于是一些父母就觉得很失望，责罚孩子，严厉地教训孩子，希望他们能很快改正缺点，结果他们更失望了，孩子越管反而越糟糕。这些家长都是很负责的父母，只不过他们用错了教育方法。

一位家长沮丧地找到儿子的老师："老师，您帮我好好管管小东吧！他怎么这么不争气啊！说谎、逃课、不听话，从来就没见过这么坏的孩子！这样下去我还有什么指望啊？！"老师惊讶地看着这位家长："你就是这样看待小东的吗？"老师随手拿起一张被墨水涂脏了一块的白纸，"你看到了什么？""什么？"家长不明所以地回答，"不就是一块墨点吗？"老师笑了，"为什么你就只看见了墨点没看见这张白纸呢？脏了的只是一小块，其他的地方还是雪白的，孩子更愿意接受奖励式的教育呀！你眼中的小东说谎、不听话，这是他的缺点，可他还有更多的优点呢！他善良、聪明、会画画、动手能力强、热心……"家长笑了："我可真是个粗心的父亲啊！竟然忽略了孩子的优点，谢谢您，老师！"

生活中，很多父母总是盯着孩子的缺点和错误不放，就如同只看到墨点而看不到大张的白纸，这种情形对教育孩子是极为不利的。因为家长只看到缺点，就会不停地斥责孩子，责令孩子改正。而儿童心理学家告诉我们，孩子是越骂越糟，越夸越好的。

一个孩子在奶奶家和父母家判若两人。

每次在奶奶家，奶奶都对他赞不绝口："这么好的小孩子真是难得，小小年纪就懂得礼貌，还知道吃东西的时候要分一份给奶奶！而且呀，我的宝贝孙子都知道帮奶奶干活了。真了不起，奶奶要做你最喜欢吃的鸡蛋糕奖励你！"

可回到自己家里却是另一番景象了。

一进门，妈妈就开始数落："像你这么调皮的孩子真是天下难找，要多捣蛋有多捣蛋，看衣服脏的，多么讨厌啊。"

爸爸也跟着骂他："一天游手好闲，不爱学习，什么也不知道做，我怎么会有你这个没出息的孩子！"

再看看孩子，帽子歪戴着，鼻涕也不擦，一副毫不在乎的样子。

什么原因？

奶奶总夸他的优点，于是，越夸越好，在奶奶家，他就是好孩子；父母老是训斥他的缺点，于是，越骂越糟，在自己家里，他就是坏孩子。

儿童心理学家经过千百次的实验与观察发现：小孩子总是在无意识中按大人的评价调整自己的行为，以达到父母奖励，或者抱怨中屡次提到的"期望"。因此家长们应掌握赏善的策略，不要只顾批评孩子的缺点，而是要反过来多对孩子的优点进行夸奖，这样，孩子就会在不知不觉中改正缺点，成为父母所期望的样子。

每个孩子身上都有了不起的地方，都有闪光点。作为父母，应该抓住这些闪光点，通过鼓励，使它成为孩子进步的启动点，用这小小的星星之火，点亮孩子智慧的火炬。每个孩子都能迸发出点亮智慧火炬的火花，认真对待每一颗心灵迸发出的火花，抓住它，强化它，也就是说，努力去发现、鼓励、扩大孩子的每一个优点，把每一个优点都当作潜在的启动点。

所有叛逆都是对束缚的反抗

　　许多父母经常抱怨说，我家的孩子，你要他读书，他偏要上网；你要他干点家务活，他非要去外面打球；你如果多说了他几句，他就说，你这人怎么这样烦啊！

　　许多孩子则经常和他们的同龄人说，我妈太烦了，我想放松一下心情，在网上浏览一下新闻，我妈看见了，非说我不好好学习，总是强行将我的电脑关了；我想去外面和朋友打打球，可我妈非得要让我把家里收拾好了才能走。

　　同样的两件事，站在两个不同的角度，反映出来的心态却迥然各异。如果只听一家之言，他们所说的，都有他们的道理。但是，当你仔细地综合了双方的话语后，我们便会发现，这里面缺乏的就是沟通与理解。

第1章 为什么叛逆
孩子不听话，往往都是爸妈做错了

张烨读初中的时候，非常喜欢信息技术这门课程，而爸爸简单粗暴地禁止他"玩电脑"，要求他必须把全部精力放在学业上，并制订了严格的计划，要求他每天放学回家必做多少作业、多少遍练习。这种做法引起了张烨的强烈不满，既然爸爸不让他做自己想做的事情，他就故意不好好学习，让成绩一落千丈，明知这样做不对，张烨依然我行我素，他甚至喜欢看到爸爸怒气冲冲又无可奈何的样子。

所有的叛逆都来自对束缚和限制的反抗。孩子所面对的，除了他本身就有的生理与心理的束缚，还有周围成人所刻意营建的各种限制。在从前，他无法意识到这种束缚与限制，就是意识到了也无力反抗。随着年龄的增长，他们渐渐能够清晰地看待这个世界，一个新的自我在迷蒙中跃跃欲试。然而，成人的限制是那么严密和牢不可摧，而成长的力量还不足以挣脱自身生理、心理和知识的束缚，这时候的孩子正承受着蜕变之苦，体会着前所未有的迷茫，所以就会产生种种叛逆的举动，目的只是想以此来显示自我的存在。

在家长指控孩子叛逆的同时，家长也正好暴露了这叛逆的根源——过度呵护所演变的压制。正是这种看似善意的温柔的束缚，让正在成长中的孩子无所适从。所以家长在指责孩子不听话的同时也应该反省一下自己，是不是束缚了孩子的身心，是不是没有给孩子足够的空间和足够的理解。

要知道，叛逆并不是什么不可原谅的错误，也不是什么无法解决的难题。家长要做的是帮助孩子，而不是让他们远离父母，远离家庭。所以，在这特殊的时期家长要做的就是观察孩子，了解孩子的真实想法，然后站在孩子的角度去帮助他们。

面对叛逆的孩子，家长该如何疏导呢？

首先，要和孩子建立一种和谐关系，关系比教育更重要。家长要在建立这种关系的过程中，能够给予孩子被爱、被尊重、被理解的感觉。

第二，家长要获得自我成长，伴随孩子一起成长，在自我完善的过程中，给孩子树立一个榜样，这样更能获得孩子的认可，能在潜移默化中影响孩子改变不良行为。

第三，要找到多种方式教育孩子。青春期孩子的叛逆，主要体现在他不愿意接受家长的给予，尤其是强硬性的指示。如果家长能够通过其他方式，而不是单一的责骂甚至殴打，让孩子明白他该怎样做，就可以起到事半功倍的效果。

宽严适当，才叫好家长

孩子往往会在自觉、不自觉中犯下这样或那样的错误。那么，家长应该如何教育这些犯了错误的孩子呢？孩子犯错时，给予适当的惩罚是很有必要的，但是，我们也不能一味只想着惩罚，而应宽严相济，甚至可以用宽容去"惩罚"，这样的效果有时反而会更好。遗憾的是，很多家长遇到这种情况，第一个念头就是：严厉地教训他一顿，让他以后不敢再犯。而事实上，心理学家告诉我们，这样会使孩子在错误的道路上越走越远。

蓉蓉是家中的独生女，父母对她寄予很高期望。蓉蓉爸从小就为她制订了严格的成长计划，包括早上几点起床，几点吃饭，几点上学，晚上几点回家，等等，都有严格的要求。

蓉蓉从小就被父母要求参加各种补习班、艺术班，就连她交朋友父母也要干涉，比如，离学习不好的孩子远点。在爸爸的严厉要求下，蓉蓉的学习成绩一直名列前茅，亲朋好友、街坊邻居都拿蓉蓉作为教育自家孩子的榜样。每当朋友问起蓉蓉爸育儿经的时候，他总是自豪地说："教育孩子就要严厉，严师出高徒！"

如果蓉蓉一直那样"优秀"下去，或许蓉蓉爸的育儿经就真的应验了，但事实并非如此。上初二的时候，优秀美丽的蓉蓉开始收到同学的小纸条，一向不对父母隐瞒任何事的蓉蓉那天没有把这件事上报，而是把小纸条夹在一本书里。有一天，蓉蓉爸为蓉蓉整理书桌，不小心发现了小纸条。晚饭时，蓉蓉爸声色俱厉地质问蓉蓉是不是早恋了，蓉蓉坚决不承认，两个人吵了起来，盛怒之下蓉蓉爸打了蓉蓉一巴掌。从此，蓉蓉完全变了一个人，脾气喜怒无常，经常逃课上网，成绩直线下降，无论蓉蓉爸妈怎样教育教导，她就是什么都听不进去，成了一个十足的叛逆女孩。

为什么一个乖乖女会突然变成叛逆女孩？直接原因就是父母的高压政策和粗暴教育，家教严可以，但也要有限度，不是简单粗暴说一不二。孩子小的时候如果被压制过多，无法伸张自己的主观意愿，那么羽翼丰满以后必然会有反击。

有这样一则故事，对家长们来说，应该是一种启迪：

一天，埃德蒙先生回家刚打开厅门，就听见楼上的卧室有轻微的响声，那种响声对于他来说太熟悉了，是阿马拉小提琴的声音。

"有小偷！"埃德蒙先生快速冲上楼，果然，一个十几岁的陌

第1章　为什么叛逆
孩子不听话，往往都是爸妈做错了

生少年正在那里摆弄小提琴。

他头发蓬乱，外套口袋还露出两个金烛台。毫无疑问，他是一个小偷。埃德蒙先生用结实的身躯挡在了门口。

这时，埃德蒙先生看见少年的眼里充满了惶恐、胆怯和绝望。那不是一个孩子应该有的表情。

于是，愤怒的表情顿时被微笑所代替，他亲切地问道："你是埃德蒙先生的外甥尼克吗？我是他的管家。前两天，埃德蒙先生说你要来，没想到这么早就到了！"

那个少年先是一愣，但很快就回应说："我舅舅不在家吗？那我先出去玩一会儿，待会儿再回来。"埃德蒙先生点点头，然后问那位正准备将小提琴放下的少年："你也喜欢拉小提琴吗？"

"是的，但拉得不好。"少年回答。

"那为什么不拿着琴去练习一下，我想埃德蒙先生一定很高兴听到你的琴声。"他语气平缓地说。少年犹豫了一下，但还是拿起了小提琴。

路过客厅时，少年突然看见墙上挂着一张埃德蒙先生的半身画像，身体猛然抖了一下，然后头也不回地跑远了。

埃德蒙先生确信那位少年已经明白是怎么回事了，因为没有哪一位主人会用管家的画像来装饰客厅。

三年后，在一次音乐大赛中，埃德蒙先生应邀担任决赛评委。最后，一位年轻的小提琴选手凭借雄厚的实力夺得了第一名！评判时，他一直觉得这位选手似曾相识，但又想不起在哪里见过。颁奖大会结束后，这位选手拿着一只小提琴匣子跑到埃德蒙先生的面前，神情激动地问："埃德蒙先生，您还认识我吗？"

埃德蒙先生摇摇头。

"您曾经送过我一把小提琴，我一直珍藏着，直到今天我用它完成了比赛！"年轻人热泪盈眶地说，"那时候，几乎每一个人都把我当成垃圾，当您出现在门口时，我以为自己彻底完了，但是您宽恕了我，让我在贫穷和苦难中重新拾起了自尊，心中再次燃起了改变逆境的熊熊烈火！今天，我可以无愧地将这把小提琴还给您了……"

琴匣打开了，埃德蒙先生一眼瞥见自己的那把阿马拉小提琴正静静地躺在里面。他走上前紧紧地搂住了这个激动的年轻人，三年前的那一幕顿时重现在埃德蒙先生的眼前，原来他就是那个少年！埃德蒙先生眼睛湿润了，少年没有让他失望。

宽容，使埃德蒙先生成功地唤醒了孩子的良知，让孩子彻底改正错误，走上正途。这个故事应该让爸爸们有所感悟。

现实生活中，有些家长由于望子成龙、望女成凤心切，总是容不得孩子有过失、犯过错，认为必须严厉地教育孩子，才能使孩子改过。但他们不知道，这样做往往会使孩子产生逆反心理，一些孩子甚至就越骂越皮，干脆破罐子破摔了。因此，当我们的孩子犯了某种错误时，如果他自己对错误或过失的严重性已经有了较深的认识，深深地感到后悔和内疚了，这时，爸爸妈妈们不妨宽容一点，给予孩子足够的理解和信任，这样的教育方法会使孩子更好地反省自己，改正错误。

给孩子一个拥抱，试试看

有一位妈妈是一所小学的校长，她的儿子今年读初二。有一天，这位妈妈和一位朋友交谈了起来，说自己和儿子已经有将近一个月没有说话了，一直"冷战"。说起来冷战的原因也很简单，她和她的丈夫都忙于工作，和孩子团聚的时间很少，往往对他平时的生活感到担忧。有时候这种担忧会反映在孩子日常的行为习惯上，有的时候是学习上。见面的时间短，而一见面就是批评居多。孩子正处在青春期，容易躁动，比较叛逆，所以每当这位妈妈说他的时候，他就会表现出反感，有的时候还会理直气壮地反驳，在那种紧张的剑拔弩张的气氛下，有时候家长刚一开口说话，他就会说："你别说了，我知道了。"如果家长继续说，孩子就会说："我就这样了，不用你管！"所以她常常感觉到痛苦。而且再加上她自己是一位校长，教育学生的时间很长，也很成功，但是唯独在教育自己孩子上很失败，所以一想到这里她就会更加沮丧。

在这位校长和自己的朋友诉说完之后，她的朋友告诉她，可能是她把教育学生的方法用在了自己儿子的身上，她的管教方法让孩子喘不过气来，觉得回家了还和在学校里一样，甚至还不如在学校里自由。那位朋友给她出了一个主意，就是给孩子一个拥抱，让她试试看，也许会有效。

这位校长在路上又想了很多和孩子之间的事情。回到家后，孩子给她打开了门，她什么也没有说直接将孩子搂在了怀里，和孩子说："你怎么就不明白妈妈的心呢？！"说完之后妈妈哭了，孩子鼻子一酸，也哭了。就这样，母子二人哭着抱在一起，把之前的所有怨恨、敌意和彼此的不理解都消解掉了。

每个人都需要自由，孩子也不例外，如果家长一味地让孩子别做这个、别做那个，什么事都帮孩子安排好，那么孩子就会觉得很压抑，想要反抗。随着孩子逐渐长大，进入青春期，自主意识越来越明显，对于这种压抑的成长环境就会表现出反抗的意识，亲子关系势必变得紧张。所以，家长教育孩子不能太专制。

1. 允许孩子的不同想法

如果孩子有和大人不同的想法，家长不能一味地压制，而是应该允许孩子有不同的想法。家长应该考虑到孩子的理解能力，通过适当的事例阐述自己的观点，同时分析双方的意见。家长要尊重孩子的想法，这样孩子才能尊重家长的想法。

2. 小事让孩子自己拿主意

家长可以支持孩子小事自己拿主意，同时提醒孩子不能超过界限。比如，孩子可以自己决定几点睡觉，但是最晚不能超过晚上10点，能享有主动权会让孩子觉得非常开心。给孩子一些可以自由支配的时间，比如，晚上的空余时间，孩子可以选择到同学家做客，也可以选择睡觉或看书，家长不过分干涉。

3. 父母保持适当的权威

很多家庭在教育孩子的时候告诉孩子要绝对服从自己的命令，这样培养出来的孩子不是在青春期有激烈的反抗，就是终生听任父母的安排，没有自己的想法。如果孩子所争取的是自己的主动权，而并非对父母或其他人的管理权，那么孩子的行为就是正当的，父母应该把大人的权利保留在适当范围内，不要过分将其延伸到孩子身上。与此同时，要让孩子尊重父母的权威，父母也要尊重孩子的自主权利，同时坚持对孩子有利的一些原则。

错爱一　听话的，未必是"好孩子"

在许多家庭里，夫妻之间常在孩子的教育上不知所措或产生矛盾。夫妻双方对孩子的教育有不同的看法、想法，甚至矛盾，这原不是什么了不起的大事，而是自然现象。因此夫妻双方发生分歧时，不必彼此抱怨，可以通过讨论、协商达成共识。但是，在爸爸和妈妈有了分歧后，有一点值得特别注意的，那就是这种分歧和矛盾不要暴露在孩子面前。

事实上，不少父母在教育孩子时正是在这个节骨眼上犯了错误。譬如，妈妈在教育或责备儿子时，爸爸站出来替儿子说话；或者是在爸爸责备儿子时，妈妈站出来替儿子鸣不平。这样的例子在生活中比比皆是。

再如，在花钱上也常出现这种不一致的现象。孩子跟妈妈要钱买新运动鞋，妈妈认为旧的没有破，可以穿，不必买，因而不给钱。孩子又去找爸爸，爸爸经不起他的纠缠便给了。

这是两个常见的例子，夫妻虽然没有争吵，但是给孩子造成的不良影响是一样的。这使爸爸（或妈妈）在孩子的心目中没有了威信，孩子有了倚仗，可以不听爸爸（或妈妈）的话，助长了孩子的任性和娇气。而且，这样会使得孩子无所适从，更重要的是助长了孩子不听话的表现。因为既然爸爸认为妈妈的责备不对，或者反过来，妈妈认为爸爸的责备是不对的，那么孩子当然可以不必听了，因而孩子的错误或不良习惯也就得不到纠正，而且会对父母的意见和责备都置若罔闻。

所以在教育孩子时，爸爸一定要与妈妈达成一致，任何一方在教育孩子时，另一方都不应该出面袒护，即使爸爸或妈妈的责备不对，也不要当着孩子的面纠正，甚至是争吵。这样既会损害对方在孩子心目中的威信，使对方日后无法再对孩子进行教育，也会伤害母子或父子感情。

那么在上述具体问题上出现不同的看法时，爸爸应该怎样处理呢？正确的方法应该是在妈妈责备孩子之后，待孩子不在面前的时候，再提出自己的看法，与妈妈讨论，以取得一致的看法，避免日后重蹈覆辙。

第 2 章

你就是规矩

父母做好表率，孩子才懂规矩

规矩不仅仅是立给孩子的，
父母更要严格遵守，以身作则。
如果父母单方面要求孩子，
自己却违背规范，
就会在孩子面前丧失信誉度和权威感。
这样的规矩变了质，
只能流于形式。

你做的"坏事",孩子都看在眼里

孩子往往缺少辨别是非的能力,他们总是在无意识地模仿父母的行为,无论是好的还是坏的。因此,为人父母者一定要注意自己的一言一行,因为孩子正看着你呢。如果你希望孩子成为一个品德高尚的人,那就为他做出一个表率吧!

秋收的时候,一个心术不正的人打算悄悄跑到别人家的田地中偷一些豆子。"如果我从每块田中偷一点儿,谁也不会察觉到。"他心想,"如果是这样,加起来数目可就非常可观了。"于是,一天晚上,他就带着6岁的儿子去偷豆子。

到了一块田里后,他压低声音说道:"孩子,你得给爸爸站岗,如果有人来就赶快告诉我。"

然后这人就手脚麻利地开始偷豆子。不一会儿,就听到儿子喊

第 2 章　你就是规矩

父母做好表率，孩子才懂规矩

道："爸爸，有人看到你了！"

这人一听，吓了一大跳，马上紧张地向四周看了看，但是一个人也没有看到，于是他把偷来的豆子放进袋子里，走进了第二块豆地。

没想到刚偷了一会儿，儿子又大声喊道："爸爸，有人看到你了！"

这人又一次停下手中的活，向四周望了一下，但还是一个人也没有看到。于是他又低头干起来。

"爸爸，有人看到你了！"儿子又叫了起来。

这人停止收割，向四下看去，可是仍然连一个人影都没有看到。他十分生气，责问儿子："你为什么总是说有人看到我了？你太调皮了，不帮忙还捣乱。"

"爸爸，"那孩子委屈地说，"我不是人吗？我看到你了呀！"

不要认为自己是自己，孩子是孩子，其实，孩子是父母的影子。在实施家庭教育的同时，家长要让孩子自信乐观，自己就要自信乐观，父母要让孩子诚实，自己就要诚实，如此才能真正做到以身作则。

家长们往往很难意识到自己才是孩子最重要的榜样。一项针对幼儿的心理调查显示，53%的孩子有自己模仿认同的对象，而其中78%的孩子以自己父母为认同的偶像。看到这里，不知各位家长心里有什么感受呢？请记住，如果你希望孩子具备为人称道的品质，那么就要先规范自己的言行，为孩子树立可资仿效的榜样。

父母是孩子最初的模仿对象，家庭是孩子的第一课堂，父母是孩子的第一任老师。孩子从父母那里学会的行为习惯和处世态度，对其一生的发展将产生极大的影响。父母的品质、人格，对孩子有潜移默化的影响作用，会影响孩子今后的成长。如果父母的行为榜样出现了偏差，孩子的思想行为就会出现偏差。而这种偏差将会使孩子养成坏习惯，从而也使他失去社会性人格的发展机会。

父母是孩子的第一任老师，一言一行都会成为孩子行为的参考和示范。因此家长们要规范自己的言行，不断提醒自己：孩子正看着我呢！

做个好榜样，就是最好的规矩

在一个家庭之中，如果说男孩的成长是从模仿父亲开始的话，那么，女孩最容易模仿的对象就是母亲。父母的人生观、价值观，待人接物的方式，举止风度，都将给孩子留下深刻的印象，当他们成年以后，父母的影响就会在他们身上开花结果。

赵小兰随同家人来到美国一年后，入乡随俗，也想举办一次自己的生日派对。她跟妈妈讲了这个愿望。妈妈表示完全赞成，并亲手做了奶油蛋糕，准备了生日蜡烛和晚会帽子，希望自己的女儿能同美国孩子一样，热热闹闹地做一次接受别人祝贺的小女主人公。

许多请柬发出去了，赵小兰期盼着客人们的到来。不料，生日派对那天晚上，只有两个同学来了，赵小兰的心情跌到了谷底，眼泪都快掉下来了。

妈妈的心灵感应到了女儿的心灵，却不动声色，照样举办生日派对，照样切蛋糕，照样唱生日快乐歌。母爱并不是一个模式的，赵小兰的母亲爱女儿，用自己的言行，向思想没有成熟的孩子灌输了处变不惊、不卑不亢、自尊自重的生活态度。母亲让孩子懂得爱惜自己，尊重自己，保持尊严，让孩子保持自己的价值观，知道要为更美好的事物奋斗。因此，面对其他人时，孩子就不会示弱，保持自重，言行得体，不做让自己感到难堪的事情。好的父母会让孩子清楚地懂得，我们来自一个有教养的家庭，要仪态端庄，举止有度。

孩子是否以自己的父母为荣，父母身上是否有足够的精神营养供孩子汲取，这些都是重要问题。那些以父母为荣的孩子，更容易建立起较高水平的自尊，并对自己产生较高的自我预期。

对于家长来说，教养儿女的过程，也是一个自我教育的过程。孩子模仿父母，我们不能禁止孩子们模仿；相反，我们应该让自己值得模仿，哪怕是我们行为中最微不足道的细节。

吴莉莉是一位很有才华的女性，在一家广告公司做文案工作，她有一个五岁的小女儿，一家三口，生活得很幸福。大学时代的自由生活，使她养成了不拘小节的习惯。说话直接尖锐，从不顾及别人的感受，在日常生活中，不按时吃饭、通宵熬夜的事儿也时常发生。先生提醒过她多次，可吴莉莉当时答应得挺好，一转身就又忘记了，依旧我行我素。

第 2 章 你就是规矩
父母做好表率，孩子才懂规矩

在女儿上幼儿园大班时发生的一件小事，使吴莉莉彻底改变了自己。

在一次家长会上，老师告诉吴莉莉："你的女儿很可爱，非常聪明，老师教什么东西她差不多都是第一个学会。但是她和小朋友们相处时不太合作，昨天一个小朋友要和她一起玩拼图，她竟然说'这不是笨人玩的游戏，你醒醒吧'。"吴莉莉惊出了一身冷汗，天啊，这不是自己的口头禅吗？先生提醒过多次，可她就是改不了。女儿这么小就目中无人，长大后不在社会上碰壁才怪，等她性格定型之后，再矫正肯定是事倍功半，看来从现在开始，就应该注意要在对女儿的教育上下功夫了。

吴莉莉知道女儿的一些小毛病，都是从自己身上学来的，要教导女儿，首先自己要改过。否则，不光影响自己的个人形象，还将影响到女儿的一生。

从此以后，只要女儿在身边，吴莉莉就格外注意自己的言行举止，说话轻声细语，对先生和女儿坚持"多称赞，不挖苦"，每天吃过晚饭后，一家人在小区周围散会儿步，回家看看电视，看看书，安排女儿睡觉后，自己也按时休息。一开始时，吴莉莉总是有意识地控制自己，但时间长了，自然形成新的习惯，不仅仅是做给女儿看了。单位里新来的大学生，还总是赞叹"吴姐为人宽容体贴"呢！更重要的是，女儿在上小学的时候，不知不觉地，已经变成了一个文静可爱、乐于助人的小姑娘，有规律的作息生活，更给了她一个健康的身体。

孩子模仿父母,最初并不会鉴别分辨。父母希望孩子学的,他会模仿;担心他学的,他照样会模仿。这时候,父母仅仅是在口头上禁止是没有效果的,自己都做不到的事,如何还能要求孩子做到?我国著名的教育家朱庆澜先生曾经明确指出:"无论是什么教育,教育人要将自身做个样子给孩子看,不能以为只凭一张口,随便说个道理,孩子就会相信。"如果希望自己的孩子品学兼优,首先,爸爸妈妈要做出表率来。

别人家的孩子，很难成为孩子的榜样

生活中，我们常听到有些父母抱怨子女说："为什么欣欣考得比你好呢？""你看看人家璐璐，科科一百分！你为什么就不能向好孩子学学？"……

这就是父母常用的比较，他们习惯于拿他人的优点来比较自己孩子的缺点，也许他们是出于想要激励孩子的好心，但孩子脆弱的心理怎能承受如此的不被肯定，而且还是来自自己的父母。通常的结果是，比来比去，把孩子的自信心和自尊心都比没了。

有调查表明，近三分之二的家长喜欢夸奖别人的孩子。这样做往往出于不同的动机，有的是为了刺激孩子，让他为自己感到羞愧；有的是为了激励自己的孩子进步；有的纯属向自己的孩子发牢骚，嫌自己的孩子不争气。无论何种情况，只要家长的比较包含着对自己孩子的贬抑，都是对孩子自尊的一种伤害。

丹尼尔是个内向的孩子，从小生活在祖父母身边，祖父母有他们自己的工作要做，没有多少时间注意丹尼尔，因此丹尼尔就越来越沉默了，整天一副心不在焉的样子。后来丹尼尔又回到了父母身边生活，但爸爸脾气暴躁，常常会责骂他。而让丹尼尔最难过的就是，爸爸总喜欢用比较来证明他有多没用。"你简直白活了8岁，看看你的成绩，真让我为你感到羞耻。你看看隔壁的唐纳德，他和你念同一年级，年龄比你小2岁，可成绩却是你的三倍！"丹尼尔的学校举行游园会，邀请家长一起参加，孩子们为家长表演了一场舞台剧，唐纳德是主角，他装扮成王子站在舞台中央，而丹尼尔则扮演一位端水的仆人，而且由于紧张，丹尼尔还在舞台上摔了一跤，惹得家长们哈哈大笑。回到家以后，丹尼尔的父亲又开始责骂起儿子来："怎么搞的？你为什么要在大庭广众之下丢人！看看人家唐纳德，装扮成漂漂亮亮的王子！你呢，卑微又丢脸的仆人！你为什么就不能学学唐纳德……"在父亲的责骂声中，丹尼尔脸色惨白地缩在椅子上，心里只有一个想法：我真恨不得杀死唐纳德！没有他，爸爸就不会再这样责骂自己了。

丹尼尔的父亲认为比较可以促进孩子进步，然而这只是他一厢情愿的想法。在丹尼尔看来，父亲的消极比较就是对他的否定，是厌憎他的表现，他甚至因此产生了偏激的想法。

拿别人的优点来与孩子的弱点比较，是一种消极的比较法，只能在孩子心里播下自卑的种子。家长越比较，他就越会感到自己是个"无用的人"，从而陷入"自我无价值感"的深渊，产生对什么都不感兴趣、破罐子破摔的心理。

竞争是重大压力的来源之一，它会打击人的自信心，使本来已有的能力无从发挥。因此，自小便培养孩子与人相比的想法是很不健康的，结果往往是孩子变得更脆弱、更经不起挫折和失败。我们要注意的是培养孩子克服挫折和失败的勇气，而不是使其成为竞争的牺牲品。

向孩子敞开心扉，他会接受你的建议

父母是孩子的第一任老师，也是孩子最亲近的人，父母对孩子的影响是非常巨大的。不过，父母却常抱怨很难和孩子沟通，其实不是孩子难沟通，而是父母的要求是不公平的：他们要求了解孩子的内心世界，却不愿意向孩子敞开自己的心扉。教育学家认为，如果父母能够多向孩子袒露真实的自己，那么孩子一定会被父母打动，实现良好的亲子沟通。

一些父母在与孩子交流时会说："你到底怎么想的？你为什么要这样做？"或者干脆说："不要那样做，听我的不会错！"事实上，父母们这类的说教往往不能让孩子接受，他们会想："你们高高在上，只懂得对我说教，你根本就不理解我！"父母们应该明白，这种单向的交流、单向的沟通是不够的，父母们也应当向孩子敞开心扉，让孩子知道你的所想所感，只有这些真挚的交流才能教育孩子，让孩子乐于接受。

想要感化孩子，就要让孩子看到你真实的一面，因此父母们不妨试试以下两招：

1. 把你的喜怒哀乐表现出来

一些父母总是习惯在孩子面前藏起自己的情绪，其实这样做反而会和孩子产生距离感。如果父母能把真实的自己呈现给孩子，那么，孩子一定会更愿意接受你的教导。

孩子遇到烦恼、失败与挫折，或者与父母发生矛盾时，父母不妨利用这个机会，坦诚地将自己的喜、怒、哀、乐种种情绪倾诉出来。

有一个孩子读书不用功，甚至连作业也不愿做，妈妈无论是责备或鼓励，都是徒劳。孩子总是将妈妈的话当作耳边风，每日放学回家，不是躺在床上睡觉，便是玩游戏机。

一天，妈妈又苦口婆心地劝孩子专心做作业，孩子仍然是一边做，一边玩。妈妈看见孩子爱答不理的态度，愈劝愈气愤，愈想愈伤心，不禁掉下眼泪，无奈地对孩子说："是妈妈不好，妈妈没有用，妈妈以后不会再向你唠唠叨叨的了。"然后默默地返回自己的房间。

想不到孩子听到妈妈这番发自内心的话后，反而感动起来，走到妈妈的房间，摇着妈妈的手说："妈妈不要再哭了，我错了，我以后会很用功地读书，不会再让妈妈伤心了。"

有时用这种表现内心难过的真挚态度教诲孩子，比说教或责骂会来得更有效。

和孩子交心，就得让他知道，孩子的喜怒哀乐也就是妈妈的喜怒哀乐，这一点在亲子沟通中是不容忽视的。

2. 跟孩子谈谈自己的经历

父母不必刻意呈现最好的一面，也可以将自己失败和挫折的经历向孩子坦言相告：自己曾有过什么抱负、梦想与目标，曾经因为自己所犯的错误而付出过多少代价，怎样由许多失败、痛苦，而累积到经验，终于走向成功的道路，等等，这一切的一切都可以向孩子尽情倾诉。

有一位父亲，幼年时代家境清贫，最后凭自己的努力完成了大学课程，成为一名出色的医生。他这样告诉孩子有关自己的奋斗史："爸爸中学毕业后没有机会再继续读高中，只能一边工作，一边自学，有时假日和晚上的睡眠时间也要用来温书。爸爸还要储备一笔生活费给家里人，然后辞去工作，专心应付考试，最后才读上了大学。"

孩子很专注地听了父亲的经历，并从中受到了深深的触动。

总之，沟通应该是相互的，不要以为把自己的见解和要求说给孩子就是沟通，你还应该让孩子更多地了解你。

向孩子敞开心扉，多谈谈自己的梦想、成功和失败，这样做不会降低你身为父母的威严，只会让孩子更尊敬你，更爱戴你。

苦肉计：以责怪自己感化孩子

当孩子的想法、行为出现了差错时，父母们最常做的是责备孩子，严厉地管教孩子。然而事实证明，这样做的教育效果并不好，有的孩子被父母责骂过后，能在短时间内收敛一下自己，而一些孩子根本就不在乎父母的责骂，把父母的说教都当成了耳边风。因此父母们不妨换个教育方法，对孩子动之以情，不要一味指责孩子，也要反省反省自己，这样反而更容易打动孩子。

克里斯 18 岁了，刚拿到驾照。

一天早上，父亲要克里斯开车送他到离家较远的市区去办事。克里斯非常高兴地答应了，因为他不但可以开车，正好还可以转一圈。

他开车把父亲送到目的地，约定下午 2 点半再来接他，然后就去看摇滚演唱会了。等最后一首歌唱完的时候，已经是下午4点了。这时，他才想起与父亲的约定！

当克里斯把车开到预先约定的地点时，看见父亲正孤独地站在路口。克里斯心里暗想，如果父亲知道自己因为看演唱会而不守信用，一定会非常生气。

克里斯低着头走了过去，先是向父亲道歉，然后撒谎说，他也想早点儿过来，但是车的引擎出了一点儿毛病，需要修理，维修站的工人们花了一个多小时的时间才修好。

听完儿子的话，父亲看了他一眼，说："克里斯，你觉得有必要对我撒谎吗？"

"什么？不！我说的都是实话。"克里斯争辩道。

父亲再一次看了看儿子，说："当你在约定的时间没有到来时，我就给维修站打了电话，他们告诉我你没有去。所以，你的车子根本就没有出毛病。"听了父亲的话，克里斯羞得满脸通红，他低着头向父亲承认了看演唱会的事实。父亲认真地听着，脸色变得更加难看，说："我现在不是生你的气，而是生我自己的气。我觉得自己很失败，因为我养了一个说谎的儿子。我现在要从这里走回去，好好反省一下我这些年来做的错事。"

克里斯的道歉并没有使父亲改变主意。

父亲开始沿着尘土飞扬的道路行走，克里斯迅速地跳上车跟在父亲后面。克里斯一路上都在忏悔，告诉父亲他是多么难过和抱歉，但父亲只顾着走路，根本就不理他。

17公里的路程，克里斯以每小时3公里的速度一直跟着父亲。

17公里的路程里，克里斯看着父亲遭受肉体和情感上的双重折磨，这是他生命中最难忘的一次经历。然而，它同样是克里斯生命中最成功的一次教育。自此以后，克里斯再也没有对父亲撒过谎。

克里斯对父亲撒了谎，父亲是完全有理由狠狠地责骂他一顿的，可父亲没有那样做，因为让他反省自己的行为，要比一万句责骂更有效。克里斯被感化了，因为这次经历，他一辈子都不会再对父亲撒谎。

在劝导孩子时，我们常用的方法就是晓之以理，那么何不试试动之以情呢？冗长的说教只会让孩子产生"听觉疲劳"，不如以真情实感打动孩子、感化孩子，这样孩子才能真正地痛改前非。

当孩子做错事时，心里会有歉疚感，如果这时父母不责怪孩子而是反省自己，那么孩子一定会更加深刻地认识到错误，并改掉自己的坏习惯。

通过良言善行熏陶孩子的秉性

孔子曾说过:"其身正不令而行,其身不正虽令不从。"把这种观点应用到儿童教育中就是,要想塑造孩子的人格,父母就要先严谨自律,通过自己的良言善行熏陶孩子,这样父母根本不必向孩子说教,孩子自然就品行优良了。

有这样一个故事:有一位父亲年纪大了,身体极其虚弱,生活难以自理。于是,就搬去与儿子、儿媳及5岁的小孙子同住。由于中风留下的后遗症,老人的手经常不由自主地颤抖,步履蹒跚。

刚开始,全家人坐在同一张桌子上用餐。可是很快地,儿子儿媳就发现上了年纪的老父亲摇晃着的手与衰弱的目力使他无法顺利进餐。比如,米饭会经常从父亲拿着的汤匙中抖落下来;当他握着杯子时,牛奶会泼到桌布上。儿子儿媳终于忍不住了,开始对老人白眼相加,有一天,儿子甚至因为老人弄翻饭碗而呵斥老人。

没过多久,夫妇俩就在墙角设置了一张小饭桌。在那个角落,父亲一人孤独地吃着饭,家中其他成员则在另一边享受着美食。再后来,当父亲打破了两个碟子后,他的食物就被盛在一个木碗里面——饭和菜被拌在一起。有时,当家人偶尔朝那边瞥一眼时,他们会发现,老人的眼里含着泪。他显得那么孤独和无奈。然而,这对夫妇所能够给予老人的唯一话语仍旧是,警告他不要弄翻食物。

这一切,5岁的孩子都默默地看在眼里,记在心里。一天,晚饭前,孩子在地板上用小刀削小木块。父亲看见了,觉得好奇,就走过去,柔声问道:"你在做什么呀?"也许是被父亲特别的语调所感染,孩子回答道:"哦,我在做木碗,等我长大以后好拿来给你们用。"5岁的孩子说完了,仍旧微笑着削他的小木块。

父母一下子呆立在了那里,一句话也说不出来,眼泪大滴大滴地从面颊上滚落。虽然没有说什么,他们却都知道了该怎么做。那晚,丈夫小心地扶着老父亲的手,将他带到饭桌旁。此后,无论是丈夫还是妻子,都没有再在意诸如菜掉到桌上、牛奶泼出来,或者桌布被玷污之类的事了。

父母的所作所为在很多方面对孩子有着潜移默化的影响,父母的价值观和处世原则往往会通过自己的行为根植于孩子的心中,成为将来孩子人生态度中的一部分。因此家长如果想塑造孩子的人格,就必须先以自己的人格感召孩子,让孩子在长期的耳濡目染中,受到熏陶，获得好的影响。

　　要熏陶孩子，家长先要严格要求自己。比如，父母教育孩子要爱学习，讲道德，守纪律，求上进，自己却不学无术，成日沉溺于吃喝玩乐之中，即使再苦口婆心，孩子也很难接受。

错爱二　一管一护，孩子管不住

在许多家庭里，夫妻之间常在孩子的教育上不知所措或产生矛盾。夫妻双方对孩子的教育有不同的看法、想法，甚至矛盾，这原不是什么了不起的大事，而是自然现象。因此夫妻双方发生分歧时，不必彼此抱怨，可以通过讨论、协商达成共识。但是，在爸爸和妈妈有了分歧后，有一点值得特别注意的，那就是这种分歧和矛盾不要暴露在孩子面前。

事实上，不少父母在教育孩子时正是在这个节骨眼上犯了错误。譬如，妈妈在教育或责备儿子时，爸爸站出来替儿子说话；或者是在爸爸责备儿子时，妈妈站出来替儿子鸣不平。这样的例子在生活中比比皆是。

再如，在花钱上也常出现这种不一致的现象。孩子跟妈妈要钱买新运动鞋，妈妈认为旧的没有破，可以穿，不必买，因而不给钱。孩子又去找爸爸，爸爸经不起他的纠缠便给了。

这是两个常见的例子，夫妻虽然没有争吵，但是给孩子造成的不良影响是一样的。这使爸爸（或妈妈）在孩子的心目中没有了威信，孩子有了倚仗，可以不听爸爸（或妈妈）的话，助长了孩子的任性和娇气。而且，这样会使得孩子无所适从，更重要的是助长了孩子不听话的表现。因为既然爸爸认为妈妈的责备不对，或者反过来，妈妈认为爸爸的责备是不对的，那么孩子当然可以不必听了，因而孩子的错误或不良习惯也就得不到纠正，而且会对父母的意见和责备都置若罔闻。

所以在教育孩子时，爸爸一定要与妈妈达成一致，任何一方在教育孩子时，另一方都不应该出面袒护，即使爸爸或妈妈的责备不对，也不要当着孩子的面纠正，甚至是争吵。这样既会损害对方在孩子心目中的威信，使对方日后无法再对孩子进行教育，也会伤害母子或父子感情。

那么在上述具体问题上出现不同的看法时，爸爸应该怎样处理呢？正确的方法应该是在妈妈责备孩子之后，待孩子不在面前的时候，再提出自己的看法，与妈妈讨论，以取得一致的看法，避免日后重蹈覆辙。

第3章

沟通的温度

说到孩子心里去，孩子才肯用心听

爱的语言，
使孩子更容易接受你的要求和忠告。
带着温度去说话，
才能开启孩子的心灵世界，
与孩子达成美妙的亲子沟通，
让孩子在你的引导下身心健康发展。

你说孩子不行，他就不行给你看

中国的父母相信对孩子一定要严管，因此当孩子在学习或生活方面做得不尽如人意时，他们就会抱怨，就会责骂孩子。然而这样做究竟有何益处呢？孩子会说：反正我就是没出息了，怎么做也没有用。因而自暴自弃，一蹶不振。这样的结果一定不会是父母们希望看到的。

有这样一对父母，他们都是受过良好教育的人，他们的孩子非常聪明可爱，可就是有点贪玩不爱学习，于是这对父母就每天训斥孩子"没有用处，简直是个废物"，弄得孩子信心大失。有一次，这个孩子考了一个不错的分数，他兴高采烈地把试卷拿回家去，结果爸爸说："这真是你自己做的吗？"妈妈斜着眼看他："不但学习不好，小小年纪还开始说谎了！"结果孩子垂头丧气地走了，从此以后果然没有再考过好的分数。那对父母就像是得胜的预言家，对着孩子唠叨着："早就说过你不行吧！看你那点出息！"

这是一对多么可悲的父母。心理学家的研究表明：这类父母之所以认为自己的孩子"不是那块料"，实际上是自己没有识才的眼光与水平。由于不懂，甚至不相信自己能育子成才，因此就用"不是那块料"的恶棒，把自己与子女都毁掉了。要知道，即使是荆山之玉，尽管很美，也需要识别、雕琢，否则也不会成材的。

当你在责骂孩子时，你就是在向他不断施加心理暗示：你不行的，你不会成功的。试想一下，幼小的心灵怎能抵得过这样的"咒语"，在这样的情况下，孩子不变成庸才才怪。相反，如果你能常常热情地鼓励孩子，孩子就会下意识地按照父母的评价调整自己的行为，直到达到父母的期望为止。

这里有一个关于著名成功学家拿破仑·希尔的故事。希尔小时候曾被认定为是一个坏孩子。玻璃碎了，母牛走失了，树被莫名其妙地砍倒了，每个人都认定是他干的，甚至连父亲和哥哥都认为他是个无可救药的坏孩子。人们都认为母亲去世了，没有人管教是拿破仑·希尔变坏的主要原因。既然大家都这么认为，他也就无所谓了，于是变得更加肆无忌惮。

有一天，父亲说给他们找了一个新妈妈，大家都在猜测新妈妈会是什么样的。而希尔却打定主意，根本不把新妈妈放在眼里。陌生的女人终于走进家门，她走到每个房间，愉快地向每个人打招呼。

当走到希尔面前时,希尔像枪杆一样站得笔直,双手交叉在胸前,冷漠地瞪着她,一丝欢迎的意思也没有。

"这就是拿破仑,"父亲介绍说,"全家最坏的孩子。"

令希尔永生难忘的是继母当时所说的话。她亲热地把手放在希尔肩上,看着他,眼里闪烁着光芒。"最坏的孩子?"她说,"一点也不,他是全家最聪明的孩子,我们要把他的本性诱导出来。"果真如此,拿破仑正如他的继母所说的那样,最终成了全家最聪明的孩子。

继母造就了拿破仑·希尔,因为她相信他是个好孩子。

强者来自父母的不断赞美,做父母的应该勇于承认差异,并鼓励孩子逐步缩小差异,不要一味抱怨这不好那不行,对孩子进行百害而无一益的伤害,把本来活泼可爱的孩子变成没有理想、没有志气、庸庸碌碌过一生的人。

1. 用赏识的眼光观察孩子

在日常生活中,务必注意孩子的行为举止、好恶,在他与别人玩耍、交谈、阅读时观察他,你就会发现你的孩子虽不爱弹琴却喜欢绘画,虽没耐心却有创意,虽不善言辞却很热心。孩子总有他优秀的一面,记下孩子的性格倾向,从而诱导他。

当父母用赏识的眼光来看待自己的孩子时,会发现他们魅力四射。

2. 创造机会鼓励孩子

赏识不是停留在口头上的赞美，而是一种行动，父母应多给孩子创造发挥他们才智的机会。比如，家里人过生日时，鼓励孩子表演节目；每周一个晚上让孩子朗诵一篇短文并发表心得；每月办一次派对，邀请孩子的朋友参加，每人献出一个绝活……

此外，随时找机会让孩子帮你忙，如洗碗、拖地、收衣服……越做越有信心，孩子才不会退缩在自卑自闭的角落里。

3. 多给孩子一点时间

赏识就是一种宽容，既然给孩子机会，就需耐心等待孩子发挥潜力。有些父母嫌孩子做不好事，干脆自己来，孩子也乐得坐享其成，而让自己的"天资"睡着了；另一些父母，当孩子一时达不到自己的要求时，就一味地指责、批评，孩子的潜能就被压制住了。

4. 不要吝惜你的赞美

当孩子取得一定的成绩时，给他赞美和鼓励的掌声，因为即使是天才，也同样需要成功的体验来积累信心。

俯下身说话，孩子才愿对你说心里话

很多家长常困惑地问："为什么孩子有话不愿意对我说？"其实原因就是家长们总是爱摆出一副高高在上的样子，因此孩子们尊敬他们，却无法理解他们，总觉得跟爸爸妈妈缺少"共同语言"。如果家长期望孩子能够接受自己、接近自己，那么必须要放下高姿态，在家庭中建立起民主、平等的良好气氛。

在美国，父母们认为，大人必须平等地对待孩子，和孩子成为好朋友，才能成为称职的家长，才能教育好孩子。我们可以看一下，一位美国爸爸是怎样教育他的孩子的。

弗兰克是美国阿肯色州的自由职业者，他在教育孩子方面下了很多功夫。他说自己一直在努力为孩子提供一种民主的家庭气氛，他和孩子的关系就像朋友一样友好亲密。

对孩子的平等姿态是良好沟通的开始,他将孩子描述理想的作文保留下来,将孩子们的学习成绩、身高等按逐年变化绘制成曲线图,从小就教他们唱歌、游泳、划船、钓鱼,带他们到博物馆参观,看展览、看歌剧,有空还带他们到大自然中去呼吸新鲜空气……

在各种活动中,他不会因为自己是家长就不容置疑,摆出什么都对、什么都懂的样子,而是尽力去做能给予孩子知识和欢乐的最知心、最亲密、最可信赖的朋友。遇到搬家、换工作、买车之类的事情时,他就会召开家庭会议,与妈妈一起和孩子们商量该怎么做;还组织家庭音乐会,并将每个人唱的歌录制在电脑中。由于家庭气氛民主和谐,孩子们生活得无忧无虑。

这样,他的孩子有事就会跟爸爸妈妈讲,从不在心里放着,出门说"再见",进门先打招呼,做饭当帮手,饭后洗碗擦桌扫地;平时买菜、洗菜,给父母盛饭、端汤、拿报纸、捶背;有时父母批评过了头,他们也不会当面顶撞,而是过后再解释。他常对孩子讲:"我们是父子,也是朋友,我和妈妈有义务培养教育你们,也应该得到你们的帮助,你们长大了,会发现我们有很多的不足之处,发现我们很多地方不如你们,这是正常的。因此,我们要像朋友一样互相谅解,互相帮助。"

在这个美国家庭中,不管是家长,还是孩子,都是平等的,孩子提出的看法,爸爸妈妈都认真考虑,有道理的就接受;而爸爸妈妈的想法也都和孩子讲,共同商讨。这样,就让孩子觉得自己在家里有地位，受重视，所以也就对家庭更加关心。

如果中国的父母也都能这样运用对等手段与孩子相处，也许就不会有那么多家庭问题了。家长与孩子之间不应是管教与被管教的关系，而应像朋友一样平等、自由。当然，这并不意味着家长要完全迁就孩子，好家长还是要负起引导的责任。

一味说教，孩子才不服管教

当孩子在成长过程中出现不良问题时，家长们往往非常迷惑："这孩子究竟怎么了？为什么我越是教育他，他却越倒退，而且还对我有很多意见呢？"这样的家长不明白，其实孩子需要的不是千篇一律的说教，而是一句温暖人心的鼓励，一种爸爸妈妈站在自己身后所给予的强大安全感。

郭静今年 4 岁了，是幼儿园中班的班长。不过，虽然她在幼儿园里很快乐，却非常不喜欢爸爸，因为无论她取得了多好的成绩，爸爸也不会表扬她。爸爸总说："还行吧，爸爸像你这么大的时候，比你更厉害！"

久而久之，郭静有了成绩，也不会再给爸爸说了。她还不知道，这个世界上有个词叫"负罪感"，不过，这种心态已经牢牢地在她的身上扎了根。她对妈妈说:"我不喜欢爸爸!他好像是我的仇人,我做什么他都不满意!"

妈妈对爸爸说了这件事。爸爸很愕然:"怎么会变成这样?我那么说,是为了让她做得更好,绝不是为了打击她!要知道,咱们只有这一个女儿,我非常爱她!"

郭静嘟着嘴说:"爸爸不爱我!爸爸不爱我!"

妈妈看着这对父女,也是哭笑不得。她对爸爸说:"这件事的确是你不对。这么小的孩子,还是应该以鼓励为主,别给她那么多压力!"

郭静与爸爸之间的矛盾,就在于爸爸不懂得孩子的心理,总拿对大孩子的要求,来对待一个还在幼年的孩子。也许青少年通过父母的"反话",会激起一种好强心,一定要让父母看看自己的能力;但是对于小孩子来说,他们根本没有这么成熟的辨别能力,以为父母总是打击自己。久而久之,他会对自己失去信心,更对父母的说教感到反感。

然而,作为孩子最强大、最有力的大后方——家长的鼓励,是培养孩子的自信心养成的必要步骤。所以,爸爸妈妈应当以正确的方式来与孩子交流。

1. 鼓励孩子,让他别被困难打垮

孩子毕竟是孩子,他们总会有解决不了的难题。例如,幼儿园

教授的算术，这对于三四岁孩子就像一座高山。了解到这一点，家长就不要打击孩子，千万别说"我知道你算不出来，你什么时候算出来过"。爸爸妈妈应该抚摸着孩子的头，对他说："怎么有些困难吗？别怕，爸爸（妈妈）会教你的。你可以掰掰指头，那么一定会找出答案！"这样，孩子在你的强力支持和鼓励下，就会燃起攻克难关的信心。

2. 以鼓励的方式消除孩子的孤独感

有的孩子在年幼时，会表现出一定的孤独感，他们不愿与其他小朋友玩，不愿意参加集体活动。然而在他们的心里，又对这些充满向往，原因不过是被紧张与不安挡住了路。对于这样的孩子，家长万万不可训斥，否则会加深他们的心理压力。爸爸妈妈可以多鼓励孩子，如果他对画画有兴趣，那么可以鼓励他，邀请好朋友来家里玩，在家里或小区的草地上画画。刚开始，爸爸妈妈可以鼓励他只邀请一个，而当他走出这一步时，就不会总是感到紧张，心态逐渐放开，与人交往的愿望逐渐加强，孤独感彻底消除。一旦有了父母这个大后方的支持，孩子的许多类似孤独、胆小的小毛病都能很快地改掉。

孩子缺点明显，也不能任意贬低

俗话说："孩子是自己的好。"父母往往觉得自己的孩子比较聪明、懂事，因此对自己的孩子多有赞赏。正因为如此，我们中国人又有一句古话："母不嫌子丑。"别人看来不好看或不聪明的孩子，在父母的眼中却总是聪明可爱的。

可有些父母恰恰相反，他们不但不去真正地关爱、鼓励自己的孩子，反而是贬低孩子，甚至嫌弃孩子，不惜用负面的评语打击孩子的自信心。

这是一种令人痛心的行为。心理学研究表明，树立一个人的正面的自我意象 (selfimage) 是形成孩子的正面人格、良好行为的前提。毁坏孩子在自己心目中的形象是让孩子走上歧路、成为败家之子的重要原因。心理学研究认为，这种"说你行，你就行，不行也

第 3 章　沟通的温度
说到孩子心里去，孩子才肯用心听

行；说不行，就不行，行也不行"的现象，其原因就是孩子长期受到这些话语的影响，就会在心理上形成正面或者负面的自我意象，久而久之，就会固化成为他们的行为特点了。如果父母嫌弃孩子，他就可能因此自暴自弃，真的变成笨拙的孩子甚至坏孩子了。

前几年的报纸曾经报道过一个中学生自杀的新闻：

那个自杀的孩子是一名中学生，他天生比较迟钝，但是性格倔强，而他的弟弟与他全然不同，大脸大眼，一副聪明相。两人在一个学校读书，哥哥原比弟弟高两年级，后因功课一直学不好，三年内降了两级与弟弟同班。也许正是由于他读书读不进去，长得又没有弟弟好看，所以母亲对他产生了厌烦的感觉。每次看到他作业总是错误满篇，就会情不自禁地唠叨起来："我怎么会生出你这么一个又蠢又丑的笨蛋？！我不知前世做了什么孽。"

这个孩子虽然迟钝，但是对这些话还是听得懂的。他因此对自己前途完全失去了信心，再加上在家中得不到父母的疼爱，他竟吃安眠药自杀了。孩子死后，母亲也十分伤心，但悔之晚矣！

父母的一句话是能对孩子产生莫大影响的。我们常听到的"你怎么这么笨""你的脑筋真差劲"这些责备话语的副作用很大，会使孩子自认为"脑筋差劲"，于是心灰意懒，什么事都不想做，更不想读书，对读好书没有信心。

所以不论是头脑还是容貌方面的缺点，都不应成为父母责骂孩子的理由。我们常见到这样一种母亲，那就是刀子嘴，豆腐心。是的，她们心疼自己的孩子，对孩子生活上关心备至。孩子在外面如果受了顽皮孩子的欺侮，她们会心疼得说不出话来，总要去讨一个公道。但是当她们自己的孩子不读书或不听话时，她们也什么话都骂得出，好像要骂了才痛快。因而她们时常骂些过头话："你怎么这么蠢呢？什么功课也不会做。你真是蠢死了！""这样蠢，还不如死了的好！真把我气死啦！"

　　骂过了，她自己气消了，对孩子又爱护如前。但是她不知道，也从未认识到她这种刀子嘴对孩子心灵的伤害有多大！所以，父母在责骂孩子时一定要冷静，要克制！

怎样去批评，孩子才愿意听

很多大人喜欢听表扬而反感批评，孩子们也一样。心理学家研究证实，那些难以接受批评的孩子长大后，也大多会对批评持"避而远之"或干脆"拒之门外"的态度。由此看来，让孩子在幼儿时代就学会接受批评，无论对一个人完整人格的塑造，还是对促成其事业的成功，都具有相当积极的意义。

但是，在很多家庭里，孩子听不进父母的意见，更听不得批评，何冲就是这样的一个孩子。

何冲有点儿"小聪明"，从小就很讨人喜欢。在整个小学阶段，他虽然没有值得特别骄傲的荣誉和成绩，却也没有任何不光彩的记录。妈妈视他为家中的希望，爸爸也觉得他很争气，何冲自己也感觉特好。进入初中后，何冲变得骄傲自大起来，听不进不同的意见，更听不得半句批评，成了一个犟头倔脑的"小大人"。

比如，父母对他说："冲冲，你现在是初中生了，再不能像以前那样，成绩只能算个中等，我们希望你在这学期有一点进步。最主要的是，听说你进入中学后常去网吧，这样可不好……"

"你们在跟踪我？谁说我去网吧了？想让我的成绩上去，你们就花钱送我去重点中学吧，在这个学校我已经尽力了！"父母的话还未说完，何冲便冲父母大声嚷道。

何冲之所以听不进批评，是因为他对自己评价过高，很自以为是。据心理学家研究，这是因为孩子在一片表扬声中长大，从小受到娇惯宠爱，而当父母发现孩子骄傲自大，对其批评的时候又不注意方式方法，所以孩子根本听不进去。

那么，家长要怎样批评孩子，才能让孩子从内心里接受呢？

（1）不当众批评。对于自尊心强的孩子，家长在需要批评时一定要注意，不要让孩子当众丢脸，不要伤害他幼小的心灵，批评最好是单独进行。

（2）欲抑先扬。批评前先说说孩子的一些优点，这样，孩子心理上会有一个缓冲，对大人的批评也会乐于接受。

（3）对事不对人。批评的重点应该放在孩子做的错事上，让他明白为什么这样做是错的，这样做会造成什么样的后果，不要对孩子进行人身攻击。

（4）把控情绪。父母在批评孩子时，切忌暴跳如雷，态度要尽量平和，不要居高临下，咄咄逼人，这样会使孩子产生反抗心理。

（5）及时批评。孩子一旦做了错事，发现以后要立即给予批评指正，不要左思右想等错误过了好久才去批评，这样会使孩子感到莫名其妙。

（6）贯彻始终。对于同一种错误，绝不可因为父母的情绪变化，生气时就批评，心情好了就放纵，这样会使孩子难辨是非，不知所措。

（7）适可而止。在对孩子进行批评教育以后，只要孩子领会了批评的意思而又有悔改之心，就要原谅他，终止此次批评。

（8）端正心态。批评应以爱护孩子、培养孩子的良好品行为出发点，并充分相信孩子能够改正错误。

（9）平衡表扬与批评。孩子自尊心强、经不得批评，主要是因为父母对他们一味地进行表扬和鼓励，很少或根本不进行批评。对孩子过度地表扬，会使他们逐渐形成唯我独尊、虚荣心强、好大喜功的性格，并且害怕面对失败与挑战，对批评极为敏感，无法接受。

我们不能让孩子在受责备的环境中成长，但是也不能让他们整天浸泡在赞美里。因此，我们没必要对孩子事事进行表扬，要少用一些情感色彩过于强烈的积极评价。如果想鼓励孩子，我们应客观、具体地评价孩子什么地方做得好，什么地方还需要改进。

（10）询问理由，注意场合。当孩子犯了错误，作为家长首先要耐心询问："为什么这么做？"了解孩子犯错误的原因和动机，千万不要不分青红皂白劈头盖脸就骂。孩子也是一个独立的个体，他也有受别人尊重的需要，当众批评会让他的自尊心受到伤害。于是他会表现出"叛逆"和"不服从"，以此来表达他心中的不满。孩子连你批评的方式都没接受，又何谈接受你的意见和建议呢？

(11) 掌握好分寸。父母在批评责备孩子时，首先要站在孩子的角度想一想，不能一味蛮横指责，甚至羞辱孩子，而应该把握好分寸，使批评的话说得恰到好处。需要特别注意的是，在苛责孩子时，应做到不要抨击孩子的人格，而应就事论事，单就他的不当行为或举止进行批评，这样就可以避免刺激到他的自尊心。

(12) 婉转暗示。孩子到了一定年龄已经有了爱憎、是非的判断。一旦犯错也会担心爸爸妈妈的批评和责骂，如果家长通过暗示，用眼睛看看他，用肢体动作提醒他，孩子会"不好意思"地自我反思，进而会有意想不到的效果。长此以往，家长还会和孩子达成一定的默契。

（13）允许孩子分辩。在批评孩子时，也应允许孩子做出解释，因为让孩子虚假地表示接受批评，但心里大感委屈，实际上不仅于事无补，还可能引发种种弊端。与此同时，也要让孩子明白：解释的目的并不是推卸本来应负的责任，还应要求孩子保持解释时心平气和、实事求是的态度。

（14）培养孩子的自省精神。只有通过自律、反思、检查、剖析、克制等，孩子才会静下心来，客观公正地评价自己，并能清楚地认识到自身的缺陷。一个人如果不懂得自省，或者缺乏主动自省的精神，后果就是盲目自大，自我感觉良好，甚至发现不了自身存在的错误，以致遭遇损失时还一味地抱怨他人，从不想想问题的根源就在自己身上。

善于自省的孩子，不会在犯了错误或遭受挫折时怨天尤人，而是先从自己身上找原因。心理学家认为：改善心智模式的前提是要有自省的能力和勇气，也就是要客观公正地认识自己，不留情面地剖析自己。

事实上，只要孩子学会了"善待"批评，批评完全可以如同表扬一样，激励孩子前进，而且可以起着表扬难以达到的警示作用。

不允许胡搅蛮缠，但可以合理争辩

在很多家庭里，孩子在受到批评、指责时，他们的解释和辩解常常被这样的话打断："你不要辩解了，这没用""你还敢嘴硬""你又开始撒谎"。

这些话几乎在很多家庭和学校都可以听到。人们习以为常，不再奇怪。但是有没有父母想过，孩子在受到批评和责骂时，他为什么不能辩解呢？

在这种情况下，孩子一般会本能地产生委屈的感觉，进而伤心、怨恨。他会把这种委屈发泄到其他对象上，或者去想各种好玩的事情来摆脱这种情绪。这往往就是导致孩子淘气的原因。

明智的做法是给孩子争辩的权利，认真地听取争辩。这样做，主要的好处有两个：其一，从孩子的争辩中，做父母的可以了解到其发生某种错误行为的背景、条件以及心理动机等，以便有针对性地进行有成效的教育；其二，让孩子争辩，也就为做父母的树了一面镜子，父母通过听取子女的争辩检验自己的教育方法是否得当，说的话是否在理，发现不妥之处可以及时地调整。

从现实的方面讲，难道有哪位父母真的希望孩子长大以后遇到类似的情况而不辩解吗？不，那时他的母亲一定会气愤地说："你为什么不辩解？！你是哑巴吗？"

孩子的这种权利受到尊重，一般会增强他的自信心和荣誉感，他同时会注意别人的权利是否也被尊重，从而自制能力增强。同时，这样还可以营造家庭的民主氛围，增强孩子各方面的能力。研究发现，这样的孩子具有很强的交际能力与其他方面的能力，对将来的发展是大有好处的。

心理学家经过科学调查得出了这样的结论：能够同父母进行真正争辩的孩子，在今后的日常生活中，会比较自信、富有创造力、合群。

因此，父母应该树立一种观念，允许孩子争辩，这不是什么丢面子的事。父母认为，假如允许孩子争辩，孩子就会不听话，不尊重自己，让自己为难，这种想法是极为不正确的。允许孩子争辩，对两代人都有好处，因此，父母要善于研究学习，让争辩发挥更大、更好的作用。

当然，允许孩子争辩是应遵循规则的，换言之，就是不允许他们胡搅蛮缠，随心所欲，而是在讲道理的基础上进行的。假如孩子违反了争辩的规则，父母自然应该予以制止。值得提醒的是，父母是规则的制定者，因此，在制定规则时要从实际出发，合乎孩子的情况，合乎一般的道理，否则，这种争辩就是不平等的。

给孩子争辩的权利，这对很多做父母的来说并非轻易就能做到的，他们在教育孩子的时候，往往是只能我说你听，哪能容孩子争辩。因此，给孩子争辩的权利，需要父母克服自以为是、唯我是从、只准说是不准说不的单向说教的思维定式，换上尊重孩子、鼓励争辩、善于双向交流的思维方式；改变轻则呵斥、重则棍棒的粗暴行为，养成重科学、讲民主、以理服人的良好规范。

父母应该为孩子的争辩创造一种宽松、平等的氛围。在争辩的过程中，父母应循循善诱、以理服人，不要以为孩子与父母争辩就是对长辈的不敬。

错爱三 父母这样说话，孩子很受伤

每个家长都曾责骂过自己的孩子，每个孩子也都曾遭受过家长的责骂，这也是一种很平常的现象。如果父母在气头上口不择言，所说的话超过了孩子的承受能力，那么，这就是危害孩子成长的"毒药"了。

经常遭受"语言伤害"的孩子，心理会逐渐扭曲，即使成年以后也会出现较多的行为障碍和个性弱点，难以适应社会。所以为了孩子的健康成长，家长们要对不良语言的严重后果予以高度关注。

以下在日常生活中，家长对孩子伤害最深的5句话：

1.为什么你不能像×××那样呢？

家长最好不要去比较你的孩子，而是去真正弄清楚你究竟希望孩子做些什么。一旦孩子懂得父母所要求他改变的只是他做某种事情的方式，而不是要改变他这个人，他就会在大人面前有更多更好的表现。

2.有时候，我真希望没有你这个孩子！

这句话对孩子的伤害最深。随着孩子的长大，他会将这种看法一同带入社会，并且直到成年之后。

3.你让我一个人待会儿好不好？

所有的人都希望有空闲时自己能够独处一会儿。然而，任何一

句对孩子气愤的排斥和驱赶的话语都会使其感到自己不为父母所需要了。

4. 闭上你的嘴！

这样的话语给予孩子的深刻印象就是你并不重视他的意见，他由此开始把自己看成是那种没有什么意见能供人参考的无用之辈。

5. 我告诉你的老师去。

这样的话会让孩子怀疑父母对自己的爱，感觉到来自于他人的羞辱，这会激起他们的激烈反抗，或者干脆把老师和同学已经知道这件事的假设当成事实而自暴自弃。

家长们千万别对孩子说气话，孩子是极其敏感的，他会因为你一时的气话受到严重的伤害，甚至无法释怀。而这样的气话，把孩子的错误严重化、扩大化，不仅不会让孩子认识到自己的错误，更会让孩子产生抵触心理。

第4章

毛病也是病

好品行得益于好规矩，这样教孩子没毛病

面对孩子的毛病，
父母需要拿出更多的耐心和宽容。
不可以纵容，
也不要瞎指挥、乱批评，
更不要期望一蹴而就。
孩子的好品行是在生活中
一点一滴养成的。

孩子蛮横又任性，这样管教没毛病

很多家长在面临孩子的"无理取闹"时表示头痛，什么都依着他了，他怎么还是这么任性、蛮横？其实，孩子并不是天生就是这个性格，性格的形成和父母后天的引导、教育有很大的关系。

张思雨已经读小学三年级了，自幼在父母的宠爱下长大，变得任性、蛮横。她常常想到什么就要父母去做，而且必须要满足她的要求才可以。比如，她看到班上有同学用手机，就要自己的妈妈买给自己，妈妈担心这么早买手机会影响她的学习，于是没有答应，她便在家里发脾气、绝食，一定要让妈妈去给自己买手机才行。

一次，张思雨发脾气，一定要妈妈陪自己，不让妈妈上班，到

第4章 毛病也是病
好品行得益于好规矩,这样教孩子没毛病

晚饭时间了也不许妈妈做晚饭。妈妈不敢不依着她,一直到晚上八点多,加班的爸爸都回家了,她才允许妈妈做晚饭。还有一次,张思雨突然说要去奶奶家住,妈妈对张思雨说:"这么晚了去乡下不安全,你先把作业做完,明天妈妈带你去。"张思雨非常不开心,和妈妈发了好一会儿的脾气。妈妈也被她弄得有些烦躁,就说了她几句,没想到张思雨一气之下就跑出了家门。妈妈当时正在气头上,没拦她,直到晚上十点多,妈妈还没有找到张思雨。后来,还是张思雨的一个同学打电话来,说思雨在他家。于是,妈妈赶紧把思雨接了回来。从那之后,由于担心思雨会一气之下再离家出走,妈妈再也不敢训斥思雨了。

孩子这样任性,父母真是伤透了脑筋。很明显,案例中的张思雨太过任性,想说什么就说什么,想做什么就做什么,从来不听父母的劝告,什么事都由着性子来。孩子的任性其实是不良性格的源头,不利于孩子的健康成长。现代社会中,很多父母都觉得只要满足孩子的一切要求就是爱孩子,岂不知这样做会在无形之中助长孩子的坏毛病。

孩子的任性和父母脱不了干系。只要孩子一哭,父母就不忍心了;只要孩子一闹,父母就不知道该怎么办了。慢慢地,孩子就明白了,只要自己哭闹,父母就会满足自己的一切要求。这样,等到孩子稍微长大一些,他就会了解这种"要挟"所带来的好处,知道自己的任性可以摆布大人。任这种状态无休止地发展下去,等到父母想要纠正孩子的这种任性的时候，才发现为时已晚。要想纠正孩子的任性，让孩子变得乖巧懂事，一定要从小教育。

1. 不能无原则地迁就孩子

如果孩子的不合理要求在哭闹、任性的情况下得到了满足，你无原则地迁就他，慢慢地，他就会变得为所欲为、自私自利、不讲道理、任性蛮横。所以，只有在孩子得到尊重的同时你又不迁就他，孩子的心理才可以健康发展，才能在形成鲜明的个性的同时不至于任意妄为。家长可以通过讲童话、故事等行为给孩子讲道理，这样能有效避免孩子任性，不过一定要及时。

2. 满足孩子的合理条件

如果觉得孩子的要求合理，在有条件满足他的情况下满足他。但要让孩子明白：满足是有条件的，并非随心所欲。父母在日常生活中应当注意培养孩子的自主性和独立意识，比如，吃什么菜，穿什么衣服，玩什么玩具，去什么地方旅游，应该多征求孩子的意见。同时给孩子一些限制条件，例如，让孩子只能在几套方案中选择，超出条件限制则无法满足其要求。只有这样，孩子才会明白，并非所有的要求都可以被满足，一定要放弃那些不合理的要求。千万不能一味地拒绝孩子的合理要求，如果不尊重孩子，不管他提出的要求合不合理，都没有实现的可能，孩子就会产生不满心理和对抗情绪，易形成不服管教的性格，或者不敢提出正当要求，一味地顺从大人，缩手缩脚，胆小怕事，失去个性。

3. 防患于未然

孩子任性行为的形成还是有据可循的，父母平时多观察，看看孩子都会在什么情况下产生任性的行为，事先和孩子沟通好，定好规则。比如，爷爷奶奶容易惯着孩子，孩子只要和爷爷奶奶一起就会变得更任性，下次再带孩子到爷爷奶奶家的时候就要提前打好"预防针"，防止孩子任性。

4. 激励夸奖

每个孩子都有好胜的心理，都希望得到父母的夸奖和赞美，如果你的孩子仍然处在任性初期，不妨通过正面激励的方法帮助孩子转变，也可以通过反面激将法故意说他"不能……"，他就会说"我能……"而且会努力证明给你看。比如，孩子不喜欢上数学课，撒谎说自己头疼，你可以说："我觉得你不能将今天的算术题都学会。"那么孩子就会不甘示弱地对你的说法表示抗议："我一定能学会所有的算术题。"你可以说："那好，你先去上学，放学的时候我来检查你的学习成果。"这种激将法可以帮孩子改掉坏毛病。

5. 转移注意力

如果孩子非常任性地想要做一些不合理的事情，大人不一定非要拦着，如果此时可以利用另外一些事物转移孩子的注意力，孩子就不会任性下去，因为他的注意力被转移了，他已经将重心放在其他事情上了。你可以在孩子出现任性行为的时候，利用当时的情境特点设法引开孩子的注意力，将孩子的关注点移到其他可以吸引孩子的新颖事物上，这种方法在任性初期能起到很好的效果。

6. 不闻不问

孩子任性耍脾气，多数家长或是哄或是吼，唯独不能做到"事不关己高高挂起"。其实，只要是确定孩子不会因此而做什么过激的事，完全可以不去理睬他，听任他闹下去。等到他不闹的时候再去和他讲道理。讲道理的过程中，其一，家长一定要站稳立场，千万不可"临阵妥协"；其二，不能性子太急，以免答应孩子的某些不合理要求或者伤害孩子的自尊。比如，孩子以不吃饭来要挟家长的时候，家长不妨直接收拾起碗筷，让孩子饿上一顿，这种饿肚子的感觉是对孩子最好的惩罚。

纵容孩子"玩火",小心他"玩火自焚"

有一句话叫作"星星之火,可以燎原",一点小过错不断被纵容,也会累积成大过。因此,父母在教育孩子时,一定不要纵容孩子的小过错,要不然只会害了孩子。

有一种父母,对孩子的小过总是姑息纵容,如果碰上心情好的时候,甚至还要表扬两句。等到孩子把小错变大过时,他们就又变得异常愤怒,严厉地责罚孩子,这种教育方式是极不可取的。

6岁的小航总喜欢玩火,只要是与火有关的东西,例如火柴、打火机,甚至连家里的炉灶他都要去摆弄摆弄。小航的爸爸自己也喜欢各式各样的打火机,从气体、电子式到机械式打火机,甚至还有古老的"火镰"……对于小航玩火的行为,父母从来没有给过任何处罚,他们觉得玩火也不是什么大错,看着儿子熟练地使用各种打火机，小航的爸爸甚至还得意地说："瞧，我的儿子就是像我！"

一天，小航在家里玩爸爸刚买来的一个打火机时，一不小心把自己的帽子烧了个洞，脸上还蹭上了不少黑灰！小航的妈妈看到儿子的狼狈样，非但没有狠狠地教训他，反而笑得喘不过气……过些日子，父母带小航去农村的姥姥家，一不留神，小航居然和几个表兄弟一起玩起火来，不知什么时候开始，姥姥家的草垛已经燃起了熊熊大火！小航的爸爸跑来，怒发冲冠，拉过小航来就是一顿痛打！

在这个故事中，我们能单单指责孩子不懂事吗？为什么孩子玩火得不到父母的约束、管制？难道当父母的就一点儿也不知道"玩火自焚"的道理？

为什么小航烧了自己的帽子，父母居然视而不见？妈妈还"笑得喘不过气来"，一点儿也没有当场处罚孩子错误行为的想法？

一个6岁的孩子还无法正确认识自己的行为，父母的纵容会让他以为自己的玩火行为是正确的。直到孩子一把火烧了姥姥家的草垛，当父母的才如梦方醒！

类似于小航父母的教育行为在生活中并不少见，也不知多少父母都是如此地处理孩子的过失行为——"小错嘛，哪个孩子没有？能将就过去就算了"；等到哪一次孩子犯的错误大了，父母就又觉得不把孩子狠狠地打一顿、骂一顿，简直不足以让他牢记教训！

殊不知这样教育孩子的观点、行为都是相当错误的！这些错误的观点和错误的行为，当然只能收到适得其反的教育效果。

对于那些家有"玩火孩子"的父母，面对孩子的小错误，要立即纠正，正所谓"堵蚁穴而保千里之堤"。如果孩子犯下小错误，当父母的不能立即纠正，一旦孩子犯下大错误便后悔莫及了。父母们应该知道，尽管小孩的判断能力比不上大人，但是他们区别好与坏的能力还是有的。如果孩子犯了错误，在他的意识里，他会感觉到自己做了错事。此时，父母应当抓住孩子"我犯错误了"的心理，立即进行有效的教育和行为上的纠正，这样一来孩子以后就不会再犯这类的错误。

另一种情况是孩子已经自省到自己犯了错误，父母在旁严厉指责时，孩子原本已有的自省心又缩回去了，反而用别的理由强辩，如此一来，即使给孩子什么特别的提醒也徒劳无益。换句话说，当小孩犯下了一个很大的错误时，切忌在旁边气呼呼地指责、责骂，甚至于大打出手！最好先给孩子一些时间，让他冷静一下，平复自己的情绪，过些时候再问他："那件事情怎么啦？""那件事你真是做得太过分了！"孩子因为在内心已经检讨过自己的缺失，因此会比较坦然地接受父母的意见。

与其等到孩子犯大错时又打又骂，还不如在孩子犯下小错时就立刻处罚。爱孩子就要想得长远，谁说处罚不是爱的表现呢？

恰当处罚，是为了让他更好地长大

爱孩子就不要放任孩子，不要溺爱孩子。正所谓"玉不琢不成器"，如果孩子做得差，家长就一定要给孩子适度的处罚，这样孩子才能正确地看待自己。

教育家卡尔·威特为了培养儿子的善行下了很大功夫。从小就给儿子讲自古至今名人的各种故事。

在小威特稍长大一些以后，父亲就给他诵读各种道德诗。德国有很多讴歌仁爱、友情、亲情、度量、勇气、牺牲等方面的诗篇，小威特刚刚几岁时就能很熟练地背下来了。

由于受到父亲的鼓励，幼小的小威特就立志要一辈子多做好事。不过，有时小威特也会在无意中做一些"坏事"。

在小威特3岁时，有一次家里来了好多客人，他们和老威特海阔天空地谈论着。

第 4 章　毛病也是病
好品行得益于好规矩，这样教孩子没毛病

这时老威特养的一条狗跑了进来，小威特像其他孩子那样，一把拽住狗的尾巴，把它拖到自己身边。他父亲看到了就伸手揪住小威特的头发，脸色吓人，拽住不放。

小威特吃了一惊，把拽着狗尾巴的手放开了，这时他父亲也把手放开了。

父亲对他说："小威特，你喜欢被人这样拽着头发吗？"

小威特红着脸说："不喜欢。"

"如果你不喜欢这样，那么对狗也不应当那样。"

老威特不仅赞赏孩子的善行，也对孩子的恶行予以适当的惩罚，是为了让儿子站在他人的立场上来考虑问题，使他成为一个心地善良、富于同理心的人。

孩子就是孩子，他们总难免出现一些问题和错误，因此一定要对他们进行合理的管教，就像威特教育孩子一样，在孩子做错事时，就一定要运用处罚的手段来教育他。

著名教育家威廉·达蒙在《期待：克服家庭和学校的纵容观念》中写道："所有的孩子都需要接受纪律约束，这既是积极性的，也是限制性的。如果孩子在学习技能，那么他需要这种约束来最大限度地发挥天赋。而在试探社会规定的极限时（每个孩子都不断地在这么做了），他们也需要这种坚定而又前后一贯的纪律约束。"然而做父母的总是很难把握处罚的度。

一方面，管教是必需的，但过于严厉的管教往往容易扼杀孩子的创造力、想象力，以及破坏孩子的自尊和人格的形成。美国有一个美丽的少女患有忧郁症，这是由于在童年时期经常遭受父母残暴的殴打。有一次，她半夜不小心尿床，父亲就用尿湿的床单包住她的头，并且把她的头塞进马桶。这种暴力、充满敌意、过分且出人意料的处罚，给这个孩子的心灵造成了极大的伤害，以致长大以后她一直无法从父亲对她稚嫩心灵所造成的梦魇中挣脱出来。

但另一方面孩子也是有判断力的，放任孩子也很容易让孩子觉得父母不够关心自己。当孩子知道自己犯了错时，不管是因为他的自私自利或是冒犯了别人，他都会期待父母做出适当的反应，毕竟父母象征着每个孩子所想要的公平、法令和秩序。父母若拒绝接受孩子的挑战，孩子就不会尊重父母，也觉得没有必要听从父母的话。因此，作为父母，你的责任就是制止孩子的错误行为，改变他的行为和思想方向。如果奖惩不分，孩子对行为的认定势必跟着摇摆不定，无所适从。

因此，无论是奖赏或惩罚都应有同样的程序和原则，作为家长运用处罚手段以前，首先应该了解什么是"适度的处罚"，然后才可能实施真正有效的管教，才能在奖励与惩罚之间寻找到一个平衡点：既不至于伤害孩子，也不至于放纵孩子。

适度处罚的前提是应该有一个事先设定好的合理的界线，以制度和规定的方式确定下来，并加以公布。这些规定应该在孩子违反之前就讲清楚，一定要让他清楚地知道父母的期待和理由。

处罚孩子也是为了爱孩子，因此一定要掌握好处罚的度，千万不要不分青红皂白，动辄处罚，否则只会造成孩子的逆反。

及时阻止孩子可能犯下的严重错误

教育孩子是一件严肃复杂的事,父母必须仔细观察孩子成长的每一阶段,并适时地加以引导,这样才能使孩子健康成长,不走向邪路。在引导孩子的方法中,训诫就是非常重要的一种。

生活中,一些人认为,孩子不用太管,树大自然直。孩子长大了,自然就会变好了、懂事了。结果由于父母的放任,孩子的思想意识、道德品质都缺乏规范。尤其是潜意识的东西,更难把握。只要外界诱惑一下,邪恶便容易占据其心灵。如今,青少年看的书,接触到的事物,想的问题都远远胜过老一代,他们思想活跃,行动敏捷,性格开放,若能引上正确的成长轨道,定会前途无量。然而,一旦偏离方向,被邪恶的东西引诱,那产生的后果也是不堪设想的。

其实,孩子再懂事,他的人生观、世界观也不会那么成熟,如果受了不好的影响，或是不好的行为习惯长期得不到纠正，那么孩子就很可能走向邪路，因此家长必须适时地运用训诫的方式教育孩子，保证孩子的健康成长。

有一位父亲，平时挂在口头上的一句话就是"树大自然直，孩子不用管"。孩子从小聪明伶俐，于是这位父亲自认为自己的孩子天生聪明，无须管教也能很好地发展。后来，孩子迷上电子游戏，上课逃学，老师要求家长批评教育孩子，但这位家长毫不重视。结果孩子的学习成绩一落千丈，只好留级一年。此时他才恍然醒悟，以后再也不说"树大自然直"了。

其实训诫手段，自古以来就是一种常用的教子方法。古代许多名人或名人的父母都采用过这种方法。东汉时期的张奂教子谦谨，齐相田稷的母亲教子不贪，东晋陶侃母教子清廉，唐太宗教诸子不残，北宋欧阳修母教子严格执法，北宋宰相王旦、清代名臣曾国藩教子不贪贵势等，都是采用训诫的手段。而训诫也就是生活中我们常说的批评教育，这是一种永不会过时的教育方法。

校长给约瑟夫的妈妈打来电话，告诉她两天前约瑟夫在休息时间打了某个同学，老师让他带张字条回家让父母签名，但是约瑟夫并没有把父母签名后的字条带回学校。

当然，妈妈对字条的事全然不知，她谢过校长，答应等约瑟夫回家后她马上处理这件事。同时妈妈还从校长口中知道约瑟夫以前就经常惹是生非。

第4章 毛病也是病
好品行得益于好规矩，这样教孩子没毛病

约瑟夫放学回家来了。

"你好，妈妈！"他轻松地同妈妈打招呼。

"你好！"妈妈强压怒火。她努力提醒自己小孩子常常会做这样的事。

"今天学校没有东西要交给我吗？"妈妈想给约瑟夫最后一次机会。

"没有呀。"约瑟夫一面若无其事地回答，一面把书包扔在沙发上。

"我刚接到你们校长的电话。他说几天前你就应该交给我一张字条，上面说你在休息时间行为不当，字条还得由我签名。"她直截了当地告诉他，是因为觉得没有必要再问他"你肯定吗"之类的话，那只会给他再次撒谎的机会，并使自己受挫。

"哦，我弄丢了。"约瑟夫低头看着地板说。

妈妈点点头说："我知道了。那你至少也要告诉我这件事。"

"我忘记了。"约瑟夫耸耸肩膀说。

这下子妈妈决定不能轻易原谅约瑟夫的过错了。"不，约瑟夫，你在撒谎，你打了人是吧？你让妈妈很失望！妈妈几乎不敢相信你会做出这样的行为！知道这样下去会怎样吗？你会变成一个坏孩子！"

"妈妈！"约瑟夫吓得哭了起来。

"孩子，不管怎样我都是爱你的，因此我必须对你负责。我批评你是因为你确实做错了，对同学动手已经很不应该了，而且你还对妈妈撒谎！现在回到你房间去，好好想一想你的错误！"

妈妈的批评没有白费，约瑟夫给妈妈写下了保证书，保证不再说谎和欺负同学，从那以后他真的改正了错误。

当孩子屡次犯错、不知悔改或者对自己的错误没有深刻的认识时，家长就应当运用训诫手段教育孩子，让孩子彻底悔悟，避免走上邪路。教育孩子，犹如护理树苗，在树苗歪曲时，必须及时扶正，这样树苗长大后，才能成为栋梁之材。

儿童心理学也认为：孩子由于世界观不成熟，是非观比较弱，容易走向迷途，因此父母应对儿童实行基本限制与约束。就像这个故事中的妈妈一样，发现约瑟夫屡次犯错而不知悔改时，立刻运用训诫的手段教育约瑟夫，让孩子彻底改正错误。

家长们应该明白，孩子在成长过程中，不但会受到家庭和学校的教育，也会受到社会环境的影响，而社会上的不良思潮和习气，很容易诱导孩子走上邪路，同时孩子撒谎、偷窃一类的小毛病如果不严加管教，也会让孩子变坏。因此，父母们应牢牢掌握"训诫"这个教子奇招，对孩子进行适当的引导，要记住：子不教，难成才。

当孩子有不良倾向时，训诫孩子是父母的权力和责任。当然，要记住的是训诫不是单纯的责骂，而是批评加教育。

让孩子在错误中得到应有的教训

很少有家长意识到这一点：让孩子为自己所犯下的错误承担责任也是一种处罚。大部分家长常常是这样做的：孩子犯下错误后，家长赶快帮他弥补过失，事后再处罚孩子。其实这样教育孩子，效果并不会太好。在西方，每个孩子都很清楚地被要求对自己的行为承担责任，如果违反规则就要接受合理的处罚。比如，当儿子磨磨蹭蹭地误了校车时，就让他自己走路去上学；如果女儿不小心遗失了午餐的钱，就让她饿一顿。

亚历刚上大学时，爸爸和他约定：每月3号给亚历寄400美元的生活费。

结果第一次独立生活的亚历用钱既无计划也不节制。三天两头与同学到校园餐馆挥霍，看到喜欢的东西就买。结果第一个月还没过完，亚历的口袋里就只剩下几个钢镚叮当响了。第一个月，爸爸容忍了儿子的无节制做法，提前把第二个月的生活费寄了过来。然而亚历不知悔改。第二个月、第三个月仍旧早早就把钱挥霍完了。

终于，在离第四个月的收款日还有14天的时候，亚历的口袋里又只剩下27美元了。万般无奈之下，亚历只好拍了一封电报回家，内容简短明了："爸爸，我饿坏了。"爸爸很快回了电报，也非常简短："孩子，饿着吧！"

这实在是太奇妙了。在那之后只有27美元的14天里，亚历绞尽脑汁节衣缩食，出手之前必会细细打算，竟然也把艰难的日子熬过去了。

从此以后，大手大脚的亚历开始精打细算，并且发现，其实只要稍稍节制一下不必要的支出，每月只要300美元生活费就足够了。这样一来，每个月亚历甚至可以积攒下一些钱。亚历用这些钱买了许多自己喜欢的书、唱片，做了一些比如自助旅游、捐款等有意义的事情，当然也没有忘记偶尔和朋友们到餐馆聚聚。

亚历的大学生活比以前过得充实而丰富了。

在这个故事里，爸爸给亚历的处罚是，让他自己承受错误造成的后果，这种处罚手段可以说是纠正孩子错误的良方，比责骂更能给孩子留下深刻印象，因为这种因果教训更能使孩子直观地看到自己的错误。

再来看看下面这个故事：在西班牙的一个城市，爱尔胡利的儿子在自家花园里玩足球，兴奋之下，把足球踢到邻居的花园中，打烂了一盆百合花。小爱尔胡利怯怯地告诉爸爸，央求爸爸去拾球，可爸爸要小爱尔胡利自己去，首先要道歉，还要拿上一盆同样的花作为赔偿。

第4章 毛病也是病
好品行得益于好规矩，这样教孩子没毛病

小爱尔胡利不得已捧着花不情愿地一步一步走向邻居家。邻居是一位70岁的老汉弗朗西斯，弗朗西斯看着小爱尔胡利泪水盈盈的样子，非但没有责备孩子，没有留下花，还从屋里拿了一包巧克力送给小爱尔胡利。

爱尔胡利见儿子回到家里，小脸蛋上泪水未干，可掩饰不住喜悦，又见儿子手里多了一包巧克力，知悉内情的爱尔胡利径直去找老弗朗西斯，对他说："弗朗西斯，我儿子犯了错，我想教育他，请你配合，犯错的孩子不应得到奖励。"然后他又要儿子拿着巧克力和鲜花送给弗朗西斯爷爷。一天之后，爱尔胡利才借着一次机会奖励巧克力给儿子。

爱尔胡利的做法似乎有点过火，但他是对的，对孩子明显的错误，明知故犯的错误，性质严重的错误，一定要严肃批评，并让其承担责任，直到他改正为止。

我们作为家长的目标就是让我们的孩子在生活中学会做人——引导、教育、帮助他们形成自我约束感——一种发自内心的对自我的制约，而不是来自外界的强制。任何不能使孩子在生活中学习做人，不能维护孩子尊严的技巧都不能被称为约束，仅仅称得上是惩罚，不管它被包装得多好。

让孩子从自己的过失中吸取教训，是一种非常高明的处罚手段，不要担心孩子无法自己承担责任，只有让孩子懂得违反规则就要接受合理的处罚，孩子才能学会自控。

利用契约限制，让孩子按规则办事

"没有规矩，不成方圆。"大人要遵守社会公德、法律、规矩，孩子也必须遵守。要让孩子守规矩，从小就应该让他们懂得遵守规矩的必要性。

有一个故事发生在美国。在一个再婚家庭里，有个少年名叫阿尔伯特，他是个非常不听话的孩子，与继父关系很紧张。平时他对继父总是绷着脸，心里怀着很强烈的对立情绪。有一次，阿尔伯特为了一点小事就用菜刀威胁继父，吓得继父只好找来警察。

后来，继父找来了心理学家。经过分析研究，发现阿尔伯特有一个爱好，就是特别喜欢开汽车，并且很希望自己拥有一部汽车。心理学家与阿尔伯特的继父商量，让阿尔伯特的继父借给阿尔伯特400美元买了一部旧汽车。继父与阿尔伯特订立了这样的一份契约，

第4章 毛病也是病

好品行得益于好规矩,这样教孩子没毛病

大概内容如下:继父借给阿尔伯特400美元买一部二手汽车,阿尔伯特以每周还5美元的方式归还。阿尔伯特可以采用以下方式挣钱:

(1)阿尔伯特星期日到星期四晚上留在家里,或者在每天晚上9:30之前把汽车钥匙交给继父,每晚4角;

(2)阿尔伯特星期五和星期六晚上留在家里,或在半夜12:00前把汽车钥匙交给继父,每晚6角;

(3)每星期一次,在白天(具体时间由阿尔伯特自己决定)把门前屋后的草坪修整好,每周6角;

(4)阿尔伯特星期一到星期五,每天晚饭前把家里的狗喂好,每次1角;

(5)阿尔伯特每天6:30前回家吃晚饭,或者按早上母亲说的时间准时回家吃饭,每次5分;

(6)阿尔伯特离家前,最迟不能超过中午,收拾好自己的房间,每天5分。如果全部做到,这些钱每周正好是5美元。

阿尔伯特要是做不到,就按以下条款给予处罚:

(1)按照不能做到的条款的价值,阿尔伯特将在下一个星期被限制使用汽车,每差5分钱就限制使用15分钟;

(2)阿尔伯特如果每一项都办不到,就在下一个星期被完全剥夺使用汽车的权力。

上述条款由继父负责执行。条款还规定,阿尔伯特做了其他好事,可以向继父和母亲提出来,并且商量好这些好事的价值。

契约还规定，双方只要提出要求，均可以修改甚至重新订立契约。

这份契约还真管用。从此以后，阿尔伯特很快地改正了他不听话的行为。为了尽快地得到这部汽车，他还表现出了许多意想不到的好行为，他与继父之间的关系也变好了。等到这部汽车属于阿尔伯特所有时，他与继父之间已经建立起亲密的情感关系。

现在的父母，特别是面对初中生的时候，这种父母子女对立的情况是经常发生的。如果你遇到这种情况，不妨也采用这种方法试试。这种方法一方面很简明，便于把握；另一方面有利于从小就培养孩子按照规则办事的好习惯。

错爱四　父母越在意，孩子越没自制力

生活中，很多孩子都会出现不讲道理、无理取闹的情况：以自我为中心，不顾及别人的立场；不管自己有没有道理，说发脾气就发脾气……这些问题往往让为人父母者头疼不已。孩子的不讲道理其实是儿童缺乏自制力的表现，因此父母一定要努力培养孩子的自制能力，对孩子不讲理的行为决不姑息纵容。

我们应当锻炼孩子，培养他们接受生活中的失望及失败的勇气，而不是依赖别人，依赖于别人的怜悯，等待着别人来安慰、同情自己。如果我们不在孩子面前表现出我们对他的惋惜和过多在意，孩子就会学会如何接受失望的现实，调节自己的情绪，不再蛮不讲理。如果做父母的能够平静地对待孩子的失望，对孩子施展好的影响，将会使孩子更容易接受失望，从而迎接希望和挑战！

孩子的有些行为不是真正的幼稚无知，他们其实也隐约感觉到自己的做法有问题。只是孩子"控制"得不成熟，因而表现出哭闹的情绪。如果父母常常为孩子的这种不成熟而批评他，反而会引起孩子的注意，从而滋长孩子的不良情绪。例如：当孩子无理吵闹、发脾气、哭叫时，父母故意不去理睬孩子的语言和行为，不以任何态度表示知道那种行为的存在，孩子就会意识到父母对他的行为是不喜欢的，也不会给予他任何的满足，他从父母那里将得不到任何

"补偿"。

　　生活中我们可以看到，往往是由于父母过多地在意孩子，才使得孩子得寸进尺，甚至于发展到无理取闹的地步。而父母在处理孩子的这种行为时，通常会大声斥责，甚至大打出手，以达到使孩子改变行为的目的。父母的这种做法行不通！如果我们真希望孩子能够改变那些不讲理的行为，那么父母正确的做法应当是适当地采取不理睬孩子的态度，至少应当保持相当程度的沉默。

　　在孩子无理取闹的时候，就要采取对孩子置之不理的办法，这样孩子就会在你冷淡的态度中反省自己的做法，千万不要过多地在意孩子，你的在意只会让孩子得寸进尺。

第5章

定力的修炼

好习惯就是好规矩，孩子管好自己就能飞

改变孩子坏习惯的关键，
在于培养他习惯的良好惯性。
培养孩子的好习惯，
就要靠你给他创造出合适的生长环境，
轻巧而不费力地引导他到你想让他去的地方。

遏制说谎，不妨从奖励诚实入手

几乎每位父母都会遇到孩子说谎的问题，而通常父母采取的教育方法，就是给孩子严厉的惩罚。而儿童心理学家告诉我们，这种教育方法对纠正孩子的说谎习惯效果并不好，它只会加深孩子的防卫心理，让孩子继续以说谎的方式掩盖自己的错误。

6岁的明明是个小调皮，经常闯祸。有一天，明明见爸爸不在家，就把茶几上的水晶苹果拿来玩，一不小心就摔碎了。明明很害怕，就把碎片扔进了垃圾桶里。但爸爸回来后还是发现了，他大声问明明，到底是谁弄坏了水晶苹果。明明撒谎说是小猫给踢下来的，可爸爸根本不信，最后明明只好承认是自己干的。爸爸更生气了，狠狠地打了几下明明的屁股，说道："看你还敢不敢淘气！知道那是多有意义的纪念品吗？"明明嗓子都哭哑了，他只知道自己因为

第 5 章　定力的修炼

好习惯就是好规矩，孩子管好自己就能飞

说了实话被打了，他决定下次再也不和爸爸说实话了！

不要认为严厉的惩罚可以遏制孩子说谎，这样做往往是适得其反的，当你发现你的孩子说谎时，千万不要气恼，甚至不分青红皂白地训斥孩子。尤其是当孩子主动承认错误之后，家长应该适时给予表扬，肯定他说实话是好的表现，然后指出错误的危害性，让孩子在赞扬声中知错能改。

但有不少父母，很难做到这一点，往往在孩子说了实话后，知道是孩子做了错事，仍遏制不住地大发雷霆，甚至把孩子痛打一顿。试想这样对待犯错的孩子，那孩子以后还敢说实话吗？所以提醒家长们，应该运用"赏善"的手段，让孩子知道，勇敢地承认自己的错误，而不是撒谎去掩饰错误，不但不会带来屈辱，还会受到奖励。

查理·梅尔森胆战心惊地站在爸爸面前，爸爸手里拿着查理的成绩单："说吧！查理，你的数学成绩真的是 89 分吗？"查理犹豫了一会儿，现在他决定说实话了："不，爸爸！对不起，我改动了成绩单，其实是 69 分。"查理想，爸爸一定会狠狠地骂我一顿，可是他听到了爸爸的笑声："好样的，孩子！知错能改就行！你没有继续撒谎，我很高兴。拿着，这是诚实的奖励！"爸爸的手上是一枚闪亮的银币。查理欢呼着接过银币，跑到街上去了。

刚出家门，查理就被伙伴们拉着去打雪仗。

查理团了一个很大很硬的雪球使劲向皮特掷去，雪球没砸到皮特，却砸碎了对面的窗户玻璃。查理因为害怕，就飞快地跑开了。

但是没跑多远就停了下来，他决定回去，用自己那唯一的银币来赔偿打碎的玻璃。

他按响了门铃，从屋子里出来一位先生，查理说："先生，是我把你家玻璃打碎了，但我并不是故意的，希望您能原谅我。"说着，他把自己那仅有的一枚银币拿了出来，然后把它递给那位先生说："这是我父亲给我的礼物，希望它能够赔偿您的损失。"

这位先生接过了钱说："你还有钱吗？"

查理说："没有了。"

"好，"那位先生说，"你会有更多钱的。不过你能告诉我你家的住址吗？"查理告诉了他。

回家后，当父亲问及他是怎么花那枚银币的时候，查理把白天发生的事情如实地告诉了父亲。父亲笑了起来，他递给查理两枚银币，原来那位先生不但退回了查理的银币，为了奖励查理的诚实，还另外送给他一枚银币。

孩子如同一张白纸，而握在父母手中的那支笔，将决定孩子的一生。在这个故事中，查理的爸爸在儿子说了实话后，原谅了儿子的错误，这使查理认识到，说实话并不可怕，这是完全可以被谅解的，不必说谎。因此当他砸碎了别人的玻璃后，才会主动地去承认错误。看来，遏制孩子说谎的习惯，奖励诚实确实比惩罚撒谎更重要。

另外，教育专家还给出几招，可以帮助家长们培养孩子诚实的品质。

（1）用具体的规则来要求孩子。光讲道理是不足以防止孩子说谎的，教育孩子诚实，必须要有行为规范的具体要求，让孩子从小就按诚实的标准来严格要求自己，自觉养成良好的品质。家长可以针对孩子的实际情况，提出"三不要"的具体要求，即不编瞎话，不讲假话，不谎报成绩，等等。

（2）多给孩子一点诚实教育。可以用举实例、讲故事的方法给孩子讲做人不诚实会带来什么恶果，而诚实的品质对人的发展多么重要。要让孩子坚信，弄虚作假、坑蒙拐骗是可耻的行为，必将受到惩罚。教导孩子从小就做一个诚实的人，自己有缺点、错误要勇敢承认，做自我批评，也接受他人批评，决不隐瞒、造假。这样一来，孩子长大后才能坦坦荡荡、光明磊落地做人。

（3）在孩子屡教不改的情况下，应对孩子的撒谎行为进行适当惩戒。在认真耐心的教育之后，孩子仍然出现说谎等行为时，可以采取一定的惩罚措施。这种为"戒"而"罚"，也是爱的基本方式之一，然而这又是一种最令人棘手和带有风险的爱，因为孩子容易抵触施加惩戒的人。但是，如果你的惩戒适度，又执行得合理、巧妙，事后讲清道理，孩子会受益很大，并心悦诚服。当然，对孩子的惩罚，不要严厉到使他甘愿冒险说谎的地步。

纠正孩子的粗心，需要父母的细心

很多父母对孩子的粗心都很头疼。孩子粗心的因素很多，比如，气质的因素、知觉习惯的因素、兴趣的因素等。父母最伤脑筋的是，孩子的粗心会逐渐变成一种行为方式，孩子最终会成为一个真正的"马大哈"。

孩子粗心，父母头疼，教师头疼，连心理学家也头疼。

造成孩子粗心的因素是多方面的。比如，气质因素：属于这种因素的孩子对感觉刺激的敏感性较差，注意力又比较容易受到外界的干扰。又如，知觉习惯的因素：有这种因素的孩子对知觉对象的认知不完整、分辨不精细。再如，兴趣的因素：这种孩子对感兴趣的事情比较认真仔细，对不感兴趣的事情却马马虎虎。最令父母伤脑筋的是，粗心会逐渐变成一种行为方式，最后演变成办什么事情

第 5 章　定力的修炼
好习惯就是好规矩，孩子管好自己就能飞

都冒冒失失、粗枝大叶，孩子最终成为一个真正的"马大哈"。

粗心的孩子的突出特点是动作快，脑子慢。这种孩子做事之前一般不会耐心细致地观察和思考问题，因而事情做完之后常常会漏洞百出。这种情况一般会随着孩子认知能力的提高而有所改善，但是对那些已经形成粗心习惯的孩子，如果不对他们进行耐心细致的指导，改变他们的不良习惯，帮助他们形成新的知觉、思维和行为的模式，那么他们就只好当一辈子"马大哈"了。

粗心儿童并不鲜见，但美国泰弗兹大学儿童心理学治疗专家金斯伯格教授通过长期研究证实：有的孩子粗心可能是患有一种注意力难以集中的病症——注意力缺损症，其典型症状即是时不时无法控制自己的行为。

以前，医生们倾向于把儿童特别多动和精神难以集中而总在自己的世界里胡思乱想视作两种不同的病症：前者为"小儿多动症"，后者则为"注意力分散症"。但时下金斯伯格教授领导的研究小组已拥有越来越多的证据显示，两者是由大脑出现的完全相同的问题引起的，只是因为患者性格不同，以致表现出的形式也不同罢了。具体来说，如果患儿性格外向，即表现出属冲动型的多动症；相反，如果性格内向，则往往表现出属分散型的精神不能集中。

美国加州大学欧文儿童医疗中心的史沃森指出，约占3%的学龄前儿童患有这种注意力缺损症。但遗憾的是，在世界许多地区，或由于传统文化的原因，或由于诊断和医疗条件的限制，注意力缺损症至今仍未被当作一种疾病，当然也更谈不上给予有效治疗了。如在相当多的东方国家，粗心普遍被父母看作一种"性格缺点"，粗心儿童因此要么被放任自流，要么遭到辱骂或棍棒处罚，其大脑中负责支持和控制自己行为的部分明显缺乏活力。他还警告说，这些儿童如得不到科学治疗，其中近一半的儿童无法坚持在校学习，长大后违法乱纪者的比例也会提高。

心理学家为家长们提出了以下方法去解决孩子粗心的问题：

1. 父母要注意培养孩子良好的知觉能力和辨别能力

孩子之所以粗心，就是因为缺乏良好的知觉能力和辨别能力。父母要提高孩子这方面的能力，就必须采取有效的办法。比如，向孩子提供"找相同点"和"找不同点"的图画，让孩子去发现图画中各种细节上的变化，培养他们仔细地观察事物和仔细地比较事物的能力，并且要求他们把比较的结果用语言大声地讲出来，以便巩固知觉的发现。这种活动随时随地都可以进行，哪怕是看到树叶上的一只小虫，也可以让孩子去仔细看看，看清楚虫子身上有几个花斑、几条腿等。

2. 父母还要训练孩子从不同角度去观察和思考问题的能力

小孩子的思维缺乏可逆性，很难从不同的角度思考同一问题，因此需要父母进行很具体的指导。比如，将两根一样长的木棒前后错开放在孩子面前，问他哪一根长。实验表明，有的孩子说上面一根长，有的孩子则认为下面一根长。这时，父母可以引导孩子换一个角度再看这两根木棒。说上面一根长的孩子是因为他只注意到棒子左端，当让他同时再看看木棒右端，他的说法可能就会改变了；说下面一根木棒长的情况则相反，孩子只注意到木棒右端的长短，而忽视了木棒的左端。通过这个例子，要让孩子学会从不同角度观察事物。

3. 父母要及时纠正孩子因粗心犯的错误

父母发现孩子因粗心而犯错误，应该及时要求他更正，用新的动作链条去纠正原有的习惯动作，塑造新的动作。这对于克服粗心也是完全必要的。必要时，父母可在旁边给予具体指导，"扶一把"，就能防止孩子重复出错。

纠正孩子的粗心是一件细致的、艰难的、需经常反复的工作，需要父母高度的责任心和耐心，不可急躁，更不可以责骂，因为被骂得情绪紧张、兴致全无的孩子只会变得更加粗心。

孩子的拖延，往往来自爸妈催促

有拖延习惯的孩子，一定有一个急性子的妈妈或者爸爸，并且父母一般都有强烈的道德感和责任感。这是一个很有趣的现象，孩子在被不断要求下，完成事情无法获得主观的心理满足感，而只是"脱罪"感，意思是我完成的事情都是别人需要我完成的，但不完成会受到惩罚。这样的孩子往往会有拖延行为。那焦虑又很负责的父母恰恰是下达指令的人，更多的父母可能是为了要完成"负责的父母"的角色，忽略孩子的需要而催促孩子，这样的孩子会慢慢产生拖延现象。

鲁文有个怪癖，就是别人一催促他或者站在他背后，他就感觉节奏被打乱，工作效率下降。

细问之下，发现鲁文的妈妈是个性格非常急躁的人，而鲁文则

第 5 章 定力的修炼
好习惯就是好规矩，孩子管好自己就能飞

是个稳性子，于是鲁文的童年就在母亲的"催促"中度过了。

周末，9点钟鲁文要去补习班，于是一大早，鲁文家里就一片嘈杂，妈妈喊了许多遍："快点啊，马上就迟到了，你还不去洗脸刷牙？快点呀！"时钟指向8点50了，可鲁文还是不慌不忙地赖在床上玩玩具，气得妈妈火冒三丈，一把拎起他，拖到洗漱间强行洗漱，母子又是一番战斗。

平时，小学生4点多就放学了，鲁文到家5点多一点。妈妈要求鲁文必须在6点半之前完成作业，可鲁文经常要写到7点多，有时甚至要写到8点，因为他写得很认真。妈妈看到鲁文这个样子，又对比邻居小虎的情况，觉得鲁文贪玩，写作业不专心，于是决定好好监督他，让他改过来。后来放学一到家，妈妈就追问鲁文作业是什么，盘算作业量。鲁文正兴奋地跟妈妈分享学校里发生的事情，但妈妈根本没心思听，只是催促他快点儿写作业；鲁文饿了，跟妈妈说，妈妈不耐烦地吼了起来："我叫你快点儿写作业，你没听见吗？不写完不准吃饭！"

鲁文愣住了，一时还搞不清状况，不知道自己做错了什么，为什么妈妈要对他发这么大的脾气。他被吓住了，很害怕，心里很难受，坐到书桌前，但根本没心情写。

过了一会儿，妈妈偷偷观察鲁文，发现他只是摊开了作业本，在那里呆坐着只字未写。妈妈的火气更大了，大声质问："为什么不写作业？走什么神呢？"鲁文不说话，委屈地看着妈妈，妈妈再一次逼问:"我问你话呢,怎么不回答,你是哑巴吗?"鲁文终于忍不住了,"哇"的一声大哭起来。妈妈觉得很崩溃,失望地说:"完蛋孩子,你爱怎么样就怎么样吧,我不想管你了!"遂不再理鲁文。

鲁文哭了一会儿就不哭了,一个人坐在那里发呆,妈妈看到他这个状态,心有不忍,好说歹说把他拉去吃饭了。饭桌上,妈妈告诉鲁文:"以后你写作业快一点儿,你快点儿写完我自然就不会冲你发脾气了……"鲁文连着答应了几声"哦",没再说别的。妈妈觉得还比较满意,好像自己的话孩子终于听进去了。

然而事实并非如此,鲁文做作业的速度并没有快多少,作业还总是出错,并且形成了那个只要别人站在身后一催,节奏就被打乱的心理障碍。

心疼鲁文,这样的孩子本应该成为一个沉稳的人,却因为节奏不断被打乱,成了一个浮躁的人:不仅讨厌人家在后面监督他的进度,也特别害怕别人的催促,遇到急事容易自乱阵脚。

这里提醒下爱催促孩子的父母:孩子有自己的生理节奏,对他们而言,感觉最舒服、最顺畅、最有利的就是顺应自身的生理节奏,如果不考虑实际情况,一味逼迫孩子节奏放快,对他们的身体和心理都会造成损害,而他们的行动也不会因为你的催促就变快。

一再催促孩子快一点儿,实际上等于在否定孩子,告诉他"你的能力有问题,安排不好自己的事情,需要我的监督和提醒",这样的方式孩子从心里是不愿意接受的,所以他不会真心按你的要求去做。父母见自己的话收效甚微，就会产生挫败感，引发不良情绪，于是开始强制、命令或者威胁孩子。父母的不良情绪会让孩子感到很不舒服，潜意识中他们开始分出更多精力来应对大人的情绪，这势必会影响他们做事的效率。而且，再进一步，当孩子发现自己的拖延可以使大人产生很大情绪以后，他们有时会有意识地将其作为对付大人的一种手段。久而久之，一个拖延的孩子就养成了。

所以奉劝父母，不要过分地催促孩子。也许有的家长要说了，"我有什么办法啊，现在社会节奏这么快，我不催他，他将来肯定会被别人甩在后面的。""催"孩子是可以的，但不要过分催促。过于频繁地催促，说到底，还是爸爸妈妈太焦虑了，他们自己习惯了社会的快节奏，以至于在家里也要保持这种节奏，甚至想让孩子跟上他们的"节奏"。这显然是把焦虑转嫁到了孩子身上，可能会导致孩子的生活节奏混乱，认为是自己出了问题，他们要么认同父母而变成一个同样焦虑的人，要么会以一种消极拖沓的方式对待生活，并以这种被动拖沓的方式，宣示自己对父母的愤怒。

有道是"家有拖拉童，必有催促娘"。催促给孩子贴上了一个标签——你管不好你自己，你要我盯着。孩子接受了这种暗示，"拖拉"的行为更得以茁壮成长。结果做娘的累死，当儿的烦死。所以，家长不妨试着将自己的节奏放慢一下，等等孩子，就会发现孩子并不会因为偶尔的磨蹭而成为不负责任又拖拉的人。反之，家长的宽容，会给孩子更多思考的空间，在每次失败的教训中学会安排自己的时间。

科学定规矩，让孩子学会合理上网

如今，网络发达，很多孩子沉迷于网络游戏，每天除了上网还是上网，不说话、不和其他小朋友玩耍，整天闷在家里，父母都快愁死了，这"网瘾"该怎么戒？

王小波，15 岁，初二，以前学习成绩很好，在班里的排名一直很靠前，也非常懂事、乖巧，在老师和家人的眼中，是个名副其实的好孩子。但是不知道为什么，自从初二下半年开始，小波开始独来独往，孤僻少语，很少和老师、同学交流，甚至产生了厌学的情绪。后来妈妈才知道小波迷上了电脑游戏，每周都要去网吧泡一两个晚上，有时双休日每天上网五六个小时。妈妈对他软硬兼施，可他就是不听。最近一周小波又没有上学，妈妈让他去学校他就借口头疼，整天泡在网吧里不回家。现在小波的学习成绩已经大幅度下滑。

后来小波的爸爸想到了一个好办法，他简单地了解了一下小波最近玩的游戏，然后神神秘秘地对儿子说："别去网吧玩了，和爸爸一起用爸爸的电脑打游戏好不好，这个游戏爸爸也会玩。但是有个条件，你白天还要上学，晚饭过后才能打游戏。"小波思考了一会儿，回答说："爸爸，我答应你，只要你让我放学以后和你一起打游戏，我就继续到学校里上课。"后来妈妈发现，小波连续打了两个星期的游戏之后，对游戏的兴趣已没有那么高了，反而在放学之后主动学习，终于帮孩子戒掉了"网瘾"，妈妈心里的石头也算放下了。

如今，互联网盛行，似乎做什么事都离不开网络，网络在带给成年人方便的同时，也给未成年人带来了不可忽视的负面影响，"网瘾"成为如今侵害青少年生活的不可忽视的问题。如今，学会上网的孩子年龄越来越小，上网聊天、玩游戏似乎比学校里的功课更为重要。孩子上网没什么不对，可以了解不同层面的知识，但是如果沉迷于网络，那后果是不堪设想的。

家长们最担心的就是孩子上网会影响学习成绩，孩子长时间上网，会导致作业不能按时完成，上课的时候脑海中还是游戏的场景，无法集中注意力等。孩子一旦沉迷于网络，就会花费大量的时间投入到网络世界，网瘾对青少年的毒害不得不让家长们担忧。那么家长该怎样帮助孩子戒除网瘾呢？

1. 正确引导孩子上网，监督孩子健康上网

家长要正确对待孩子上网的问题，扬长避短。网络是一把"双刃剑"。合理使用，利于孩子的身心发展；使用不当，就会成为"恶魔"。家长应该正确看待孩子的上网需求，支持孩子正常使用网络，同时加以正确引导，比如，帮孩子制订上网计划，控制上网时间等。如果孩子上网过度、过频，家长应态度严肃地进行制止。多注意孩子在上网时遇到的问题，和孩子交流这些问题，并及时告诉孩子善用网络，引导孩子浏览利于他们成长的网站。

2. 改变对孩子的教育方式

有些家长对孩子要么一味宠爱、放纵，导致孩子性格不成熟，无法独立处理问题；要么对孩子管束过严，恨不得将孩子关在笼子里时时刻刻看着。这两种做法都是不对的，要改变这种错误的教育方法，家长应当随时关注孩子的上网行为，了解网络的多种功能与作用，最好可以陪孩子一起上网，通过成年人的经验、知识引导孩子做出正确选择，告诉孩子网络垃圾的危害。此外，家长要了解过度使用网络的消极影响，进而正确评估、判断孩子使用网络的状况，发现孩子出现网络使用不当的现象要迅速处理。

3. 和孩子定规矩，合理上网

家长要心平气和地和孩子制定一些彼此都可以接受的规则，比如，只能在什么时间上网，只能浏览哪些网站，哪些网站经家长同

意可以进入,不能在网上留家庭住址和电话,持续上网时间不能超过 1 小时等。

4. 通过合理的方法帮孩子戒掉网瘾

对于有网瘾的孩子,家长可以巧妙地运用递减的方法帮孩子逐渐戒掉网瘾。比如,孩子原来上网 5 小时可以改为 4 小时,之后逐渐改为 2 小时、1 小时,要帮助孩子逐渐恢复常态,不能急于求成。

临时隔离，让孩子学会理性行动

从很多书上或电视上都可以看到，美国的妈妈们对犯了错的孩子的惩罚是"回自己屋子去"。据说，这种"隔离法"还挺管用，调皮的孩子出来后至少会"老实"一些，最后慢慢形成好的习惯。

"隔离法"的主要对象是出现不良行为的孩子。这种方法其实很简单，就是暂时中止孩子的活动。这种方法的主要优点：能够在较短时间内有效地终止孩子的某些不良行为，而且父母简单易学，可以随时方便地运用。有一点非常重要：这种方法能够让父母很好地控制自己的情绪，成为孩子理性行动的榜样。这种方法既不会对孩子的身体造成任何伤害，也不会伤害孩子的感情。

先来看看下面的例子：一个小孩，只有3岁，一天，他用积木

第5章 定力的修炼

好习惯就是好规矩，孩子管好自己就能飞

砸他的小客人。

妈妈看到后说："孩子，你不能这样做！你要再这样，我马上对你实行隔离。"

孩子嬉笑着继续扔积木。妈妈走过去，语气坚定地说："因为你用积木砸了小朋友，所以现在我要开始对你实行隔离！"

母亲不再多说什么，抱起他走向屋中间的一张高靠背椅，把他放在上面，并把他手中拿着的积木取走，然后取一个定时器，定好3分钟时间，放在孩子看得见但是手够不着的地方。

孩子自然是满脸不高兴，从椅子上跳下来。妈妈坚定但不粗暴地把他重新抱上椅子，站在他身后监视着他，并把孩子的手交叉摆在其胸前，说："只有你不再跳下椅子，我才会松开你的手。"

孩子挣扎了几下，发现无法挣脱，就安静下来，开始掉眼泪。妈妈装作什么都没看见，转身回到自己的房间里做自己的事。

等到定时器一响，妈妈走过去问："你知道为什么妈妈要对你隔离吗？"

孩子不吭声，妈妈说："你这样做是不对的，会把别人打痛的。如果你以后还这样做，妈妈还会对你隔离。不过妈妈希望你下次不这样了。"

孩子跳下椅子走了。这位母亲所使用的方法就是"临时隔离"。

这种方法的要点如下：

1. 必须有前提

孩子用积木砸小朋友的行为，是妈妈对孩子施用"临时隔离法"的前提条件。如果没有这个前提条件，妈妈就不可能对孩子采用这种方法。

按照一般情况，这个行为在孩子的身上是经常出现的。父母在采用这种方法前，应该对孩子的这种攻击性行为进行统计。如果这种行为出现的频率较高，就必须采取必要的措施了。

资料表明，这个孩子经常发生这种行为，所以妈妈把其确定为目标行为。据介绍，妈妈在日历上记录孩子的攻击性行为时，孩子好奇地问妈妈在干什么，妈妈告诉了他，记录你的这种不良行为。孩子知道妈妈在注意他的行为时，就开始有意识地克制自己这种行为，他的攻击性行为开始减少了。

2. 控制好自己的情绪

在实施隔离法时，父母要始终很好地控制住自己的情绪，不能因为孩子反抗而大打出手。

父母实施这种方法时，不要发火，也不要吼叫，只需要简短地说明隔离的理由就可以了。有人建议用不超过10个字的话来说明隔离理由，冷静地终止孩子的攻击性行为。而且这位孩子的妈妈是在孩子的行为发生后10秒钟内实行隔离的，这符合隔离法的及时性原则。

3. 选择合适的隔离地点

实施临时隔离，必须选择合适的地点作为隔离区。

父母要根据孩子年龄的大小，充分考虑安全因素，把隔离地点选在父母完全能够控制的范围之内。如这位母亲把隔离地点选择在靠背椅上，就是因为孩子的年龄比较小。

对年龄大一些的孩子，可以选择卫生间、储藏室、走廊等作为隔离地点。选择地点时总的原则是让孩子感到无聊、单调、枯燥，但又应该是安全的地点，不能让孩子感到恐惧。并且要保证隔离期终止之前孩子不能接触一切游戏和活动。如果家里正在开着电视或录音机，也必须关掉，不能让孩子在被隔离的时候偷着看电视和听音乐。

4. 恰当的时间

隔离时间的长短一般是"1岁1分钟"。

这个孩子只有3岁，所以隔离时间设定为3分钟。要让孩子知道，是定时器而不是妈妈决定孩子什么时候终止隔离。所以有铃声且可移动的定时器是隔离法必备的工具。妈妈把定时器放在孩子够不着的地方，是为了防止孩子把定时器作为玩具。

5. 父母要若即若离

在隔离期间，父母应该做自己的事而不是一直在旁边看着孩子。

如果父母一直盯着孩子，孩子就觉得自己虽然受到了惩罚，但是同时也引起了父母的注意。虽然这种注意是负面的注意，但是孩子也会非常在意。事实证明，有的孩子会为了得到这种注意而有意干坏事。父母的过分关注常常会降低惩罚效果。

6. 说明原因

隔离结束时，父母要简短地向孩子说明被隔离的原因。

孩子的年龄很小，所以要加深孩子的印象。隔离结束，父母向孩子说明原因可以加深孩子对被隔离原因的印象。因为有些孩子年龄太小，常常会忘记被隔离的原因。

孩子受到隔离，一般不会有太好的情绪，所以，父母不要太在意孩子的情绪。

"临时隔离法"适用于2-12岁的孩子。这种方法看起来简单，但是常常很有效。因为，在孩子看来，离开伙伴、停止活动是最不能容忍的惩罚。被隔离过的孩子都不愿意再次被隔离。在他们看来，那种滋味是不好受的。

错爱五 孩子不贪玩，才是好小孩？

孩子贪玩，是一个令父母感到头痛的问题。其实，父母们应该知道，玩是孩子的一种天性，是他们对周围世界感到好奇的行为表现。事实上，很多孩子往往是在玩耍中学到知识，加深对客观世界的认识的。哈佛大学著名儿童心理学专家组成的"发现天赋少儿培育计划"课题组，在对世界各地近3000名10岁以下儿童进行跟踪调查后发现，在被认为是聪明过人的孩子里，87%都有"强烈的好玩之心"。因此不要把你的孩子限定在你规定的"框架"里，"纵容"你的孩子开怀地玩耍吧，也许你会培养出一个好玩的好孩子。

一个懂得教育孩子、会培养孩子的父母，理应把陪孩子玩，当成亲子教育中最重要的一环。让孩子充当"玩"的主角，感受玩的乐趣，在玩中加深对世界的认识，这才是父母的任务。

在与孩子玩的过程中，父母可结合"玩"的内容，培养、引导孩子对事物的兴趣。

陪孩子玩，也是引导孩子开阔视野、开拓思维的好途径。同时，玩也是培养孩子良好品德的有效方法。父母在陪孩子玩的过程中，可以针对各种情况进行品德的培养。为了帮助家长们更准确地引导孩子，建议家长在三个方面多下功夫：

1. 观察孩子的喜好

对于贪玩的孩子，父母应该注意细心观察孩子爱玩什么，怎么玩……分析这样玩对孩子身心健康是否有益，是否妨碍和伤害到其他人的利益，是否对社会环境造成不良的影响等。千万不要不分青红皂白就对贪玩的孩子主观地横加干预。

2. 引导孩子去玩

贪玩的孩子兴趣爱好往往十分广泛，聪明的父母不是限制孩子玩，而是把孩子的爱好引向更科学、合理，有助于身心健康的方面。

3. 帮孩子合理安排玩的时间

孩子的兴趣广泛，又得不到合理的安排，往往在玩的时候投入的精力多，占用的时间长，没有节制地玩，造成"贪玩"。改变孩子贪玩的现象，应该是父母帮助孩子合理地安排和选择"玩什么""怎么玩"和"什么时间玩"，使孩子能够在"玩"中受益。

孩子在"玩"的过程中不仅能开阔眼界，同时也能增长知识。因此家长应当鼓励孩子去玩，不要把孩子的一举一动都限制在框框里。

错爱五　孩子不贪玩，才是好小孩？

孩子贪玩，是一个令父母感到头痛的问题。其实，父母们应该知道，玩是孩子的一种天性，是他们对周围世界感到好奇的行为表现。事实上，很多孩子往往是在玩耍中学到知识，加深对客观世界的认识的。哈佛大学著名儿童心理学专家组成的"发现天赋少儿培育计划"课题组，在对世界各地近3000名10岁以下儿童进行跟踪调查后发现，在被认为是聪明过人的孩子里，87%都有"强烈的好玩之心"。因此不要把你的孩子限定在你规定的"框架"里，"纵容"你的孩子开怀地玩耍吧，也许你会培养出一个好玩的好孩子。

一个懂得教育孩子、会培养孩子的父母，理应把陪孩子玩，当成亲子教育中最重要的一环。让孩子充当"玩"的主角，感受玩的乐趣，在玩中加深对世界的认识，这才是父母的任务。

在与孩子玩的过程中，父母可结合"玩"的内容，培养、引导孩子对事物的兴趣。

陪孩子玩，也是引导孩子开阔视野、开拓思维的好途径。同时，玩也是培养孩子良好品德的有效方法。父母在陪孩子玩的过程中，可以针对各种情况进行品德的培养。为了帮助家长们更准确地引导孩子，建议家长在三个方面多下功夫：

1. 观察孩子的喜好

对于贪玩的孩子，父母应该注意细心观察孩子爱玩什么，怎么玩……分析这样玩对孩子身心健康是否有益，是否妨碍和伤害到其他人的利益，是否对社会环境造成不良的影响等。千万不要不分青红皂白就对贪玩的孩子主观地横加干预。

2. 引导孩子去玩

贪玩的孩子兴趣爱好往往十分广泛，聪明的父母不是限制孩子玩，而是把孩子的爱好引向更科学、合理，有助于身心健康的方面。

3. 帮孩子合理安排玩的时间

孩子的兴趣广泛，又得不到合理的安排，往往在玩的时候投入的精力多，占用的时间长，没有节制地玩，造成"贪玩"。改变孩子贪玩的现象，应该是父母帮助孩子合理地安排和选择"玩什么""怎么玩"和"什么时间玩"，使孩子能够在"玩"中受益。

孩子在"玩"的过程中不仅能开阔眼界，同时也能增长知识。因此家长应当鼓励孩子去玩，不要把孩子的一举一动都限制在框框里。

第6章

别强迫学习

让孩子自己爱学习，他才没有厌恶情绪

如果只关注孩子的学习，
只会让孩子厌恶学习。
厌学的孩子往往都是由父母造成的。
所以孩子调整的同时，
父母也要积极配合，
找到自身的问题，
与孩子一同成长。

孩子厌学很常见，家长应该怎么办

很多家长都遇到过这样的情况，孩子不知道什么原因突然就不想上学了，不管你怎么苦口婆心地劝说他都不愿意再拿起纸笔、书本，甚至无视老师每天布置的学习任务，每天回家不是看电视就是打游戏。家长们可以说为了孩子的学习操碎了心。

林琳今年17岁了，读高中二年级。最近却不愿意去学校，整天窝在家里看肥皂剧，将自己关在房间里，也不和父母沟通。父母看到林琳的状态，既心疼又着急，不知道该怎么办。有时候还能听到卧室里传出来的低声呜咽。

林琳的妈妈打电话给老师，老师也说林琳最近上课不认真听讲，常常走神、发呆，习题错误率很高。老师告诉林琳的妈妈，青春期的女孩很容易产生问题，比如早恋、接触社会上的不良少年、

第6章 别强迫学习
让孩子自己爱学习，他才没有厌恶情绪

任性等。而且高中的学习压力比较大，孩子容易在紧张的环境下产生厌学的情绪。

其实现实生活中，像林琳这种现象并不少见，但是随着社会竞争的日趋激烈，每个孩子都要掌握知识，也正是如此，很多孩子从天真无邪的童年进入到背负压力的学生期，时间久了，他们不会觉得学习是为了充实自己的知识面，而是觉得自己是在为父母学。在残酷的学习竞争中，在一场场选拔考试中，他们被压得透不过气来，最终产生厌学的情绪。实际上，缓解孩子的学习压力是社会性问题，需要整个社会共同努力才能做到，家长背负的是最直接的责任，可以从以下几方面着手：

1. 多和孩子沟通，大致了解孩子厌学心理原因

师生关系恶劣、学习跟不上、与同学关系不好、自身心理素质弱等均会导致孩子厌学。当孩子出现厌学行为时，家长要放下紧张和担心，用平常心和孩子沟通，了解孩子产生厌学的情绪是什么原因导致的，之后进一步采取措施，协助孩子成长。

2. 积极和学校老师联系，了解孩子近况

每位老师都会带几十名甚至上百名学生，所以不可能照顾好每位学生。师生关系中情感依恋的缺失，导致相当一部分学生由于学业上的不适应而产生一系列负面情绪，由此形成消极自卑的心理，进一步影响、限制学生的发展。良好的师生关系，与学生保持亲密

接触，积极沟通，可以让学生信赖老师，愿意将自己的真实感受与想法告知老师。所以从老师这边了解孩子的近况也是一个途径。

3. 积极鼓励，找回学习乐趣

不管孩子是自我封闭还是自我放纵，都可能是因为他在学业上感到了绝望、自卑和不自信。可以通过积极的交流，帮助他们对学习和生活形成正确的认识。在平时的教学过程中多对他们进行鼓励，哪怕是小小的进步，也要让他们在学业上找到胜利的愉悦，找回学习的乐趣和自信心。

4. 寻求专业的心理咨询机构的帮助

据统计，很大一部分孩子厌学并非是真的对学校、学习厌倦，而是家庭出现了一些问题，而自己做了努力又没有改善，所以就想通过厌学的方式来告诉父母，家里出现了问题，需要解决。一般家庭角色混乱，父母忙于工作，无暇顾及孩子，父母争吵离婚等都会导致孩子出现厌学行为。这种情况下，父母可以寻求专业心理辅导机构帮助，同时解决孩子和父母的问题。

父母越督促，孩子就会越抵触

现代社会双职工家庭越来越多，白天爸爸妈妈都要上班。因此，家长为了保证对孩子的学习有一定的了解，在见到孩子后，第一句话往往是"老师今天留什么作业了"，或者是问"今天有没有考试？考了第几名"，似乎这样才能督促孩子好好地学习。在孩子看来，爸爸妈妈除了关注自己的学习和成绩之外，对自己毫不关心，自己每天在学校和小朋友们玩的什么他们不会问，自己今天在路上看到什么、有什么想法，他们也不会问。于是，渐渐地，孩子会对爸爸妈妈每天的询问产生反感，甚至是产生一种抵触情绪，这样不但不利于孩子的成长和学习，反而会让孩子变得对学习失去兴趣。

李楠最讨厌每天放学回家路上的那段时间，因为每天妈妈都会来接自己，而每次在车上妈妈问的第一件事情就是"学习"。李楠已经上二年级了,他的妈妈对每天的学习都要了解,而对于其他的事情从来不问。要知道他每天见到妈妈的时候,最想将当天发生的事情都告诉妈妈。比如,今天和小朋友玩儿了什么游戏,今天老师夸奖了自己,今天小明和丽丽发生了矛盾,等等。

今天妈妈照常来接他回家,在车上又一次问起了李楠的功课:"楠楠,今天考没考试啊?"李楠没好气地说道:"没有。"而此时妈妈又问道:"那今天老师留作业了吗?"李楠没回答,妈妈又问了一遍,李楠点点头。妈妈似乎看出了李楠不开心,然后就没有再问。

这一次李楠考试没有考好,只考了班里的第 5 名,平时都是前 3 名。因为这件事情,李楠的妈妈很着急也很生气,此后对孩子的学习更为上心,每天都会对孩子进行询问,并且还会给孩子增加作业。李楠更加厌倦学习了,于是,在上课的时候,便开始不认真听讲,平时也不怎么爱说话了。渐渐地,李楠的妈妈发现自己的儿子更是不好好学习了。

家长关心孩子的成绩本是一件好事,但是督促学习要注意方式方法。要想孩子学习好,就要培养孩子的自主学习能力,让孩子对学习产生兴趣,这样一来,即使爸爸妈妈不盯着孩子学习,孩子也能够学习得很好。如果李楠的妈妈能够认识到这一点,那么李楠也不会对学习产生厌倦的情绪。

生活中,爸爸妈妈怎样做才能让孩子主动地去学习,即使不紧盯着孩子的学习,孩子的功课也能够门门都很优秀呢?

第6章 别强迫学习
让孩子自己爱学习,他才没有厌恶情绪

(1)每天的"小汇报"要加点孩子感兴趣的内容。在孩子回到家中之后,爸爸妈妈不要急于问孩子的成绩,要先问问孩子在学校发生的事情,让孩子自己讲述今天开心的事情。孩子自然会将自己学习的情况自动地告诉你,与此同时,孩子会觉得爸爸妈妈是在关心自己,自然对爸爸妈妈的询问不再抵触。

(2)让孩子独立完成作业。在生活中我们经常看到有的家长会在孩子写作业的时候,坐在孩子身旁指手画脚,很害怕孩子会出错,也不希望孩子出错。其实家长根本没有必要这么做,要让孩子独立完成作业。即使出现错误,也可以在孩子做完之后再给孩子进行指导,这样不但能够增强孩子学习的积极性,同时还能够让孩子养成独立学习的习惯。

(3)激发孩子的学习兴趣。孩子对学习产生兴趣,才能够更加主动认真地去学习,所以家长应该想办法激发孩子的学习兴趣,比如,可以在和孩子做游戏的时候帮助孩子去学习。当孩子对学习产生兴趣之后,家长不用紧盯着孩子,孩子的门门功课也能够都很优秀。

(4)在孩子成绩进步的时候要夸奖孩子。当孩子考试有进步的时候,千万不要忘记夸奖孩子。当孩子考了好成绩之后,他们最希望的就是得到爸爸妈妈的夸奖,所以在这个时候要记得夸奖孩子,让孩子明白只要自己好好学习,爸爸妈妈就会开心,从而孩子便会主动地去学习。

孩子做作业拖延，不能硬管要会管

　　孩子做作业时精力不集中，写着写着就停下来，不知在想什么；写作业时的多余动作特别多，比如找橡皮；刚刚学过的有印象的字还要照着书看着抄下来，这一遍写完了，下一遍还是照着抄，不能连续地写；写作业不能独立完成……这一系列习惯上的拖延，真是让家长又急又窝火，怎么办？打骂吗？当然不行！行为习惯上的拖延，不靠打骂，靠训练。

　　有一位妈妈下功夫观察儿子到底是怎样写作业的。她发现儿子写一个小时的作业站起来7回，一会儿打开冰箱看看有什么好吃的，一会儿打开电视看看动画片开始了没有……这样写作业能不拖延吗？

　　于是妈妈对儿子说："你是一个很聪明的孩子，但是我刚才给

第6章 别强迫学习
让孩子自己爱学习,他才没有厌恶情绪

你数了数,一个小时站起来7回,是不是太多了?我看你写一个小时的作业站起来3回就差不多了吧。"儿子觉得妈妈挺宽容的,便说:"3回就3回。"妈妈继续说:"你如果一个小时内站起来不超过3回,当天晚上的动画片随便看。"儿子听了高兴得不得了。妈妈又说:"先别开心,有奖必有罚,如果你一个小时内站起来超过了3回,当天晚上的电视就不能看,包括动画片。"

于是,母子协议达成了。

结果是5天下来,儿子3天做到了写一小时作业站起来不超过3回,兴高采烈地看了动画片。但是有两天忘了,一到了6点钟就急,因为不能看动画片,可怎么央求,妈妈也不破例。

就这样,经过三个月的训练,这个孩子终于养成了专心写作业的好习惯。

还有一位妈妈,望子成龙心切,以前孩子不能按时完成作业,她非打即骂。后来看了一本名叫《爸不吼,妈不叫,教育男孩有绝招》的教育类读物,颇受启发,渐渐改变了教育态度。

那个周末外出之前,她和儿子商定,在妈妈回来之前一定要完成作业,并叮嘱孩子累了可以适当玩一会儿,但不要边玩边学,这样玩没玩好,学习的效果也大打折扣。那天下午五点左右她回到家中,儿子躲躲闪闪心神不宁,她猜想儿子一定是没完成作业,就顺口问了句:"儿子作业写完了吗?"孩子不说话,先是把写好的语文作业和录音作业拿给了她,她看了看,语文作业倒是写得不错。但数学呢？她快步走进儿子的卧室，来到书桌旁，发现数学作业只写了一点点。她的火气一下子就蹿上来了，但还是迅速忍住了。

她尽量让自己平静下来，并拿出那本《爸不吼，妈不叫，教育男孩有绝招》，参考怎样处理眼前的情况。读完之后，她的情绪较之前舒缓了一些。看见儿子不敢来吃饭，她找个理由让儿子赶快过来吃："儿子，吃完晚饭后想去跟教练打会儿乒乓球吗？"孩子迟疑了一会儿，他大概还在等待妈妈发火，因为这是妈妈之前的一贯做法。她和颜悦色地又问了一遍，这时孩子也消除了胆怯，坐在餐桌上吃饭了。

吃完饭，她和孩子一起去打乒乓球。那天恰巧教练不在，于是母子二人散起步来。她边走边拉着孩子的手，这样双方的情绪慢慢都消除了，她见儿子彻底平静了，才开口问道："儿子，对于没有完成作业这件事，你怎么想？""哦，我错了妈妈，我这样做很不好！""你还记得咱们对不完成作业是怎么约定的吗？""记得。一个星期不准看动画片。"于是按照约定，孩子答应一个星期不看动画片。

回到家中，她又问儿子，以后怎么克服这个缺点？孩子想了很久，也没有想出合适的办法，他觉得自己还是需要妈妈来监督。妈妈没有认同，建议孩子再想想，或许能想出更好的办法让自己按时完成作业。另外，她也在反思自己在给孩子的作业具体化的过程中，有没有完全征得孩子的同意？是不是成了霸王条款？孩子会不会因此嫌作业任务太重而产生畏惧和懈怠呢？她觉得自己还有很多需要改进的地方。

尽管针对这件事，孩子还没想好怎么去做，但她还是很开心的，因为自己首先改变了以往处理问题的方式，用温和的方式让孩子反省自己的错误，并把责任还给了孩子。她相信孩子一定能想出解决问题的办法，并一定能做到：即使没有别人监督也能按时完成作业。

孩子磨蹭，打骂就有用吗？显然不是，这往往只会起到反作用。孩子拖延，爸爸妈妈首先应该让孩子认识到动作慢、爱拖延是一个行为习惯上的问题，可以告诉孩子动作慢会造成什么严重后果，或者让他吃一次小亏，孩子以后在同样的问题上就会吸取教训了。

那么，针对孩子写作业拖沓这件事，家长们应该用哪些方法加以纠正呢？下面，给大家综合一下教育学者和聪明爸妈的妙招：

1. 一分钟能做多少事

（1）准备几十道简单的加减法口算题（根据年级不同，难度可以不同）。在1分钟之内，看孩子最多能做多少道题。让孩子感觉到，1分钟都能做十多道小题，而自己写作业的时候，有时候几分钟也写不出一道小题。

（2）找一些笔画和书写难度相当的生字，看孩子在一分钟内最多能写出多少个字。记下每次的情况，并进行对比。

这样的训练能够使孩子体会到时间的宝贵，并认识到，原来1

分钟可以做很多事情呢！在引导孩子珍惜时间的同时，也能提高孩子的写字速度和做题速度。

2. 和孩子一起学习

和孩子一起制定一个完成作业的时间表，帮助孩子养成良好的做作业习惯。每天固定时间来做家庭作业。如果没有作业，这个时间段内也要学习，让孩子养成固定时间学习的习惯。

除了鼓励孩子完成家庭作业外，家长还应该鼓励孩子学会在阅读时做笔记，学会看图表，学会用自己的语言总结阅读的内容，制作记忆卡片等。在孩子做作业的时候，爸爸妈妈不妨也看看书，让孩子感觉到家长是在和孩子一起努力。

3. 和孩子比赛看谁快

训练缩短孩子生活自理行为的时间。比如，和爸爸妈妈比赛穿袜子，看谁更快。在比赛之前先教孩子怎么穿得快的方法，手把手地训练。家长在比赛时，可以故意放慢一点，让孩子觉得有取胜的可能。甚至有时候不经意输给孩子，让孩子觉得自己能做得快。让孩子在生活中做事快，他在学习中才会快起来。

4. 给孩子营造良好的学习环境

孩子在做作业时，家长尽量不要一会儿给孩子递个苹果，一会儿又让他喝杯牛奶等。有时候，我们的"特别照顾"反而会影响孩子做作业的思路，使他很难集中注意力，导致做作业的时间拖延得比较长。如果有可能，在家里给孩子布置一个安静、舒适、光线良好的学习区域。这可以在家里的任何地方，不一定非得有一个专门的房间，但最好固定下来，不要让孩子每天换一个地方，让孩子做作业的地方井井有条。

5.灵活安排做作业时间

孩子放学后，如果有有益的电视节目，孩子又非常想看，不妨让孩子把电视看完再做作业，要不然他做作业时心里也会一直惦记着电视，作业也会做不好的；但一定要给孩子讲明，看电视和做作业是有轻重和主次之分的，只有在不影响学习的前提下才可以通融。

总之，孩子做作业磨蹭，家长一定要用耐心和爱心帮助孩子逐步改正，不要操之过急。要注意总结方式方法，不断提高孩子做作业的速度。

利用竞争心理，让孩子主动去"比"

每个小孩都想成为第一，他们什么都争第一，在学校学习争第一，放了学看谁跑得快，等等。

假如在生活中，一个人事事尽心尽力，从来不用别人提醒自己，就可以把事情做得很好，那么这个人就具有很强的竞争意识。同样，小孩子也是一样，要自己主动去学习。积极参加一些跟自己同龄人在一起的活动，这样不光能增长知识，还能促进自己的竞争意识。

面对没有好胜心的孩子时，家长一定要有足够的耐心。培养他们自己做主的好习惯，可以告诉他们，对于自己想要的东西、喜欢的活动一定要去参加，最后的成绩是次要的，重要的是参与。在维护自己的利益时，尽可能地不要去伤害别人，否则你将会被判出局。

琪琪从小就要强，基本上不让爸爸为自己担心，由于爸爸的特

第6章 别强迫学习
让孩子自己爱学习,他才没有厌恶情绪

殊教育方法,琪琪形成了事事求上进、积极学习的良好习惯。在琪琪上幼儿园大班时,她就是班里最积极的小朋友,园里有什么活动她都要参加。随着年龄的增长,琪琪就不再满足只是简单地参加活动了,她要做最好的,学习要好,比赛要拿第一。这也给她以后的成长带来了有利的条件。

有一天,爸爸来到琪琪的房间,琪琪正在认真地写作业。从小琪琪就是回到家就做作业,不用爸爸的监督,给家里省了不少心。"宝贝女儿,写作业呢,快写完没?"爸爸说。琪琪说:"写完了。爸爸你有事吗?"爸爸又说:"咱俩聊聊天吧,琪琪长大了,也比以前懂事了。现在学校的功课也多了,你感觉累不累?最近爸爸事情多,对你的学习和生活管得少了,你自己不要放松了,自己管好自己,好吧?"琪琪走到爸爸身边说:"爸爸,你放心,我会管好自己的,我一定不能落在别人后面,我要在班里永远是第一。我这次考试双科都是第一,下次还会是我的。爸爸你就放心吧,我会管好自己的。""琪琪真是个好孩子,琪琪你这么做是对的,即使没有爸爸管,也要好好学习。天不早了,你早点睡觉吧。""嗯,好的,爸爸晚安!"

第二天,琪琪很早就起床了。爸爸看到了就问女儿:"琪琪,今天是周末,你怎么不多睡会儿呢?""我想出去跑跑步,我们学校下周要开运动会,我报了长跑比赛,我得锻炼锻炼。"爸爸看到女儿如此积极,心里别提有多高兴了,于是决定跟女儿一起去跑步。

父女俩一块儿出门跑步去了。跑了一会儿后，琪琪对爸爸说："爸爸，咱俩比赛吧，看谁坚持的时间长。"爸爸说："好啊，难得宝贝女儿要跟爸爸比赛。"说着两人一起喊开始，父女俩就开始比赛。两人你争我赶的，谁也不让谁。毕竟爸爸年龄大，又好久没运动，不一会儿，就坚持不下去，停了下来。琪琪早跑得没影了。

爸爸沿着马路向前慢慢走着，隐隐看到一个人向自己这个方向跑来，一看是琪琪。"爸爸，你太慢了。"父女俩边聊天边往家走。突然琪琪问爸爸："爸爸，你觉得长跑有什么特点吗？"爸爸反问道："你觉得呢？""我认为，长跑不光速度要稳，还要能坚持，如果坚持不下来肯定不会赢的。嗯，就是这个，我一定要赢。"琪琪说。看着这样优秀的孩子，爸爸非常开心，父女俩肩并肩向家走去。

终于到运动会的这一天，学校里到处都是彩旗，学校很重视学生的体育锻炼。在一群啦啦队演出后，运动会比赛项目一一开始。琪琪走到长跑区，准备比赛。半小时以后，琪琪又一次出现在跑道上，向着前方的红色条幅跑来，越来越近。第一属于琪琪了。广播员播报："长跑第一名是某某班的琪琪同学，祝贺她。"

从小琪琪就信心十足，做事认真仔细，任何事她都抢着去做，是学校的优秀三好学生，她更是爸爸骄傲的孩子，这也归功于爸爸的教导。在琪琪小的时候，爸爸就经常告诉琪琪："琪琪，什么事都要尽可能地自己去完成，要好好学习，学习好了才有好的未来，你要比爸爸还要好。只要你积极主动学习，踏踏实实的，什么事都

第6章 别强迫学习
让孩子自己爱学习，他才没有厌恶情绪

不难。你还小，有的是时间，只要不浪费时间就可以。"这些话时常激励着琪琪，所以琪琪就养成了积极主动的学习态度。

琪琪爸爸的做法很好，他注意培养孩子的良好学习习惯。有一个好的学习习惯，那么他的人生也就成功了一半。好的习惯会使孩子在一个快乐的环境中学习，使他的学习效率更高。因此，家长们应该让孩子主动去学习，给他们创造一些快乐的环境。小孩子不喜欢乏味枯燥的环境。比如，一些学习乐器的小孩子，他们是觉得好玩才去学，觉得弹出来的音乐非常动听，一旦学起来，尤其是前期的指法练习，特别枯燥，一弹就是半小时以上，他们受不了就放弃了，而家长也不忍心孩子受罪就干脆不学了。这种做法是错误的，这样容易让孩子一遇到困难就打退堂鼓，永远没有积极克服困难的精神，最终可能会一事无成，所以请家长们该狠心时则狠心，培养孩子主动竞争学习的习惯。

那么，爸爸妈妈要怎样培养孩子的竞争意识呢？

（1）多多与"当事人"沟通。大人不上班的时候，可以多和孩子玩玩游戏，最好是带有一些竞争性质的游戏，这样在游戏中就能不知不觉地培养小孩的竞争意识，而且是非常省力的。孩子的各项能力都有限，具体的一些事情他们理解不了。爸爸妈妈可以用通俗的语言解释给他们听，但最后要他们来决定，这才能培养他们的主动性。

（2）要把握合适的度，形成正确的竞争意识。有些人一味地想

要成功，想要成为人上人，有时难免会走些弯路。比如，两个小朋友同时喜欢同一个玩具，但是这种玩具只有一个，然而两个人都不想放弃，你争我抢，你推我，我推你，一会儿两人就打起来了，最后两人都很不高兴。所以，大人要培养他们友好地去竞争，让他们知道什么样的事物可以竞争，又要遵循什么样的竞争规范才不至于伤害到对方，这也是很好的学习。

（3）细节可以决定成败，做事要认真踏实。提高做事质量，享受做事的过程。爸爸妈妈也是从孩童时期过来的，对孩子的内心相对比较了解，可以根据一些细节问题制定一个方案，和孩子共同来完成，避免使他们的积累过程过于简单。时刻记着提醒他们不要忽略了一些细小的东西，失败往往是某一细节出问题而造成的。帮助他们积累一定的经验，形成乐观向上、主动学习的态度。

借助逆反心理，让孩子自己要学习

一些家长常为孩子的逆反心理而头疼不已，他们总是要和家长做对，越不让做的事情越要做。其实，这种逆反心理也不完全是坏事，家长如能巧妙利用孩子的这种逆反心理治厌学，便会收到神奇的效果。

据说清代大将年羹尧就是中了"激发计"，才由捣蛋顽童成长为一代名将的。年羹尧13岁时，仍然大字不识一个，整天只知道玩耍。他父亲年遐龄，官做得很大，颇有权势，请来过不少名儒教子。但儿子太顽皮捣蛋了，就是不肯读书。老师对他客气了，他不听；对他严厉一点，他就想出种种刁钻古怪的方法来对付，把老师捉弄得狼狈不堪。所以请来一个气走一个。最后，年遐龄干脆不给他请老师了。

一天，府中忽然来了一位先生，自荐愿教年公子。来的这位先生，看上去有七十多岁年纪，他对年遐龄说："如果大人肯相信我，按照我的要求去做，三年之后，贵公子就会脱胎换骨。"

按照老先生的要求，一座花园在一个偏僻的乡村建造起来了。楼阁中堆满各类书籍，经史子集，无所不备；厅堂上排满各式兵器，刀枪剑戟，一应俱全。花园的围墙上开了个小洞，供一日三餐、送饭递水之用。园中只住教书先生与年羹尧一老一小两人，此外没有一仆一婢。

这位老先生教书的确与众不同，整天只管自己读书，对年羹尧不闻不问，连话都不跟他说一句。而年羹尧呢，觉得这正合自己的胃口，老师不管他，正可以率性而为，高兴做什么都行。于是挖池塘，填沟壑，移栽花木，全凭着自己的兴趣，天天忙得不亦乐乎，玩得痛快尽兴。

不过，这样的游戏一再重复，渐渐地他有些玩腻了。

一天午后，老师正在读书。年羹尧站在老师旁边，站了大半天，老师竟然一无所觉。年羹尧觉得十分奇怪，自己连这么大的花园都玩腻了，老师的书怎么读不腻？而且越读越有精神，这是什么道理？便忍不住脱口问道："老师每天读书，一点不觉厌烦，难道书本真的这样有趣吗？"

老先生随口答道："味道极好，不是你能知道的，快去玩吧，不要来纠缠我。"说完，老师又低头自顾读起书来。

第 6 章　别强迫学习
让孩子自己爱学习，他才没有厌恶情绪

　　这下年羹尧可不高兴了，赖在老师身边不肯走，一定要看书。老先生看到年羹尧被他给"激"出兴趣来了，暗暗高兴，但又故意说："好吧，那我就教你吧！不过咱们说好了，不想学时就赶快说一声，我还有那么多书要读呢！"年羹尧想了一下，说："不，我要读就要读到学问很多才行！"老先生于是先取来经史典籍，每天与他讲习；又取来兵书阵图与他分析。早晚之间，便教他舞剑使枪，传授武艺。年羹尧天性聪颖，一经专心，学无不精。

　　三年后，年遐龄见儿子英气俊爽，举止有礼，不再像从前那样蛮横。与他谈及学问，文韬武略，识见竟然在自己之上。他的欢喜之情，溢于言表。这才相信老先生所言果然不虚。

　　后来，年羹尧果然成了清朝一代名将，安邦定国，开拓边疆，建立了不朽的功业。

　　不管这个故事是真是假，我们都能从中学到一个教子的窍门：对于难管教的孩子，我们不妨利用他的逆反心理去刺激他，比如你希望孩子去学习，但偏偏不许他去学，孩子为了"反抗"，就一定会乖乖地钻进你的"圈套"里。在这个故事里，那么多老师苦口婆心，严词教诲，都没能使年羹尧改掉顽劣，但老先生的一句"快去玩吧，不要纠缠我！"就轻轻松松地让他改变态度，潜心向学，看来激发计真是妙用无穷。

　　逆反心理在心智尚未成熟、年纪较小的孩子身上表现得更为突出，如果父母善于利用孩子的逆反心理，则可对他们的学习发挥更

大的作用。对于孩子来说，反抗就是反抗，根本不必有什么道理，这就是孩子的心理模式。然而，父母们通常会不停地要求孩子"好好学习"。那么，结果如何呢？不但孩子的厌学情绪丝毫没有得到改善，可能还会激发孩子们的反叛心理。

在纠正孩子厌学情绪的时候，这种巧用逆反心理的方法是非常有效的。试试看把平时高举的"好好学习"的标语改换成"不许学习"，甚至可以故意刺激孩子："既然你不喜欢学习，那就不要学习算了。"那么，孩子一定会说"为什么呀？我偏要学习给你看"，于是他可能主动积极地坐到书桌前面了。下面举出两种利用孩子逆反心理的方法，父母不妨一试。

1. 学习计划开始前，先让孩子远离学习

日本有一家鞋业公司经常研制出新颖美观的鞋子。这是因为他们有一项半强制性的规定：连续工作三年的员工休假两个星期，在休假期间不许考虑任何与工作有关的问题。据说休假的员工大约过了一个星期之后就特别想工作。事实上，公司老板的用意也正在这里。让员工们在这种远离工作的饥渴状态下重新接触工作，从而产生更多新鲜的创意。

在对孩子开始执行学习计划的时候，让孩子在一段时间内完全远离书本，也是一个好办法。刚开始的时候，孩子多半会很轻松惬意地玩耍，但不久他们就会感到不安，同时对学习的饥渴欲求越来

第6章 别强迫学习
让孩子自己爱学习，他才没有厌恶情绪

越强烈，甚至会自己主动提出来要学习，这时再允许他们学习。由于对知识如饥似渴，孩子一定会非常认真，把全部精力投入到学习当中。

2. 用"不许你上学"代替"不然就送你上学"

前文已经说过了，运用逆反心理刺激孩子，对越小的孩子越有效。知道了这一点后，父母在孩子年幼的时候，就可以运用这个方法来激发孩子对学习的渴望。

天天4岁了，他是个淘气的男孩子，几乎没有一天不惹祸，妈妈为了教训他，就常对他说："天天，你要是再敢淘气，妈妈就送你去上学，让老师管你，看你怎么办！"天天5岁时，父母决定将孩子送去幼儿园，没想到天天说什么也不肯去，哭得满地打滚，爸爸妈妈只好把孩子带回家。这时他们开始反省自己的行为，认为是自己的言行给孩子带来了负面影响，并决定改变策略。这一次，爸爸妈妈在路上看见上学的小朋友时就故意大声说："看！这个小朋友一定是又听话、又聪明的，因为他在学校里可以学到那么多东西！"天天再不听话的时候，妈妈就会说："好吧！你尽管不听话好了，妈妈一定不许你上学！"这样一段时间后，天天开始缠着爸爸妈妈买书包，一定要去上学。

如果你的孩子不愿意去上学，那么不妨用这个方法试试，当你说"不许你上学"时，孩子就一定会把上学看成是一件非常神圣的

事，而一定要去做，这个方法对于纠正年幼孩子的厌学情绪来说，是非常有效的。

利用逆反心理治厌学时，应该掌握一个度，如果太过激烈可能会使孩子灰心丧气，因此具体运用时，不能操之过急。

错爱六　对孩子期望太高，孩子反而会被压倒

望子成龙、望女成凤是中国父母的普遍心态。从孩子很小的时候起，他们就对孩子有一大串的期望，这些期望就像一副重担，狠狠地压在了孩子的肩膀上。其实，父母期望孩子成才这一点是可以理解的，但期望也应该以现实为基础，如果父母的期望值过高，背离了孩子身心发展的内在规律，那么就可能给孩子带来过重的心理负担，影响孩子的发展。

任何事物都应该掌握好尺度，要根据实际状况，采取科学的方法，千万不能在教育孩子的过程中，怀着不切实际的"期望"，走向极端。父母总是用成人的心态和眼光看待孩子的内心世界和能力，对孩子的能力发展、情绪状态、心智方面都有过高的估计。父母在这种自我沉迷的状态下不能清醒地认识问题，久而久之，使自己的行为成了一种惯性和教条。最终给孩子造成巨大的精神压力，使孩子对受教育的感受越来越沉重，越来越没兴趣和信心，甚至还导致孩子心态失衡，走上极端。

因此，到了该给孩子"减负"的时候了，不要总是给孩子太多压力、负担，对孩子的期望要合情合理，要让孩子能够看到成功的希望，"轻装上路"不是更有利于远行吗？

教育孩子，应从孩子的实际出发，顾及孩子的爱好与特长。如

果只根据家长的兴趣和愿望,那么孩子只会走向相反的道路。在高期望值的支配下,父母评判孩子好坏的标准往往会严重失衡。孩子教育的成败也多以考试分数或指令孩子所学的一门特长的成效来衡量。这实际上是家长自己背上的一个错误而沉重的包袱。因此,父母在教育孩子时,应注意给孩子"减负"而不是加压。不要以为孩子在巨大压力下才会出人头地。教子成功的父母一般绝不给孩子太多的期望压力,因为让他放松身心、缓和情绪反而更好。

对孩子寄予过高的期望,会让孩子因压力过大而崩溃;降低你的期望,为孩子减去过重的负担,却可以使孩子轻松自如地前行。

第7章

请遵守礼仪

不管穷养富养,都不如给孩子一个好教养

孩子的一举一动,
都真实地反映了父母的教养。
在孩子年龄尚小、理性不足时,
父母要站在孩子的立场上,
尊重儿童天性,用正确的方式,
帮助孩子从小建立"遵守规矩、讲究礼仪"的理念。

孩子不懂礼貌，爸妈一定要好好教

孩子言谈文明举止礼貌，大人喜欢不说，无形中还会提升气质，塑造出尊重他人的品格，所以父母在这方面不应等闲视之。

谷小南的爸爸妈妈都是国家干部，可以说家境非常好。她是爸爸妈妈的掌上明珠，因此，她的举止言谈中对什么事都常常表现出瞧不起、不屑一顾的样子，俨然是一位骄傲的公主。

在一个星期天，谷小南穿戴整齐，准备跟着爸爸妈妈去看望姥姥。刚一走进电梯，值守在电梯里的阿姨就热情地打招呼："呦，小南，今儿又去哪儿玩啊？"

小南把头偏向一边，没吭声。

妈妈赶紧回答说："去看望姥姥。"

出了电梯后，妈妈对小南说："女儿，你怎么不理人呢？"

第 7 章　请遵守礼仪

不管穷养富养，都不如给孩子一个好教养

小南说："她只是一个看电梯的，凭什么问我干吗去？我为什么要向她汇报我干什么去呢？"

爸爸说："你这样想是不对的。人家跟你主动打招呼，你作为小辈当然更应该跟她打招呼才对，不理人是没礼貌的表现。"

在此之前，爸爸妈妈已经注意到小南这方面的一些做法：小南的奶奶从农村来住了几天，小南竟然嫌奶奶土气总是躲得远远的，从外面回来也从不主动问奶奶好。不光对奶奶、电梯工阿姨这样的人，家里来客人小南经常表现得特别没有礼貌，有时还冒出一两句粗俗的骂人话，让爸爸妈妈很尴尬。

其实对于小南的问题，父母应该首先从自己身上找原因：或者平时自己就待人不大礼貌，或者没有及时纠正孩子的做法。如果坐视这种情况继续下去，孩子很可能会成为一个人见人厌的人。

做文明之人，就要做文明事，使用文明的语言，懂礼貌，明事理。真正有修养的人都是懂礼貌的人，父母要把孩子培养成为一个懂礼貌的人。做事先做人，一个人的道德修养是其事业能否成功的基础所在。没有修养的人，无论学识多么渊博，也是不受人欢迎的。

礼貌的语言是一个人最好的介绍信。礼貌的语言是尊重他人的标志，良言一句三冬暖，恶语伤人六月寒。在与人交往中，礼貌得体的语言可以使人如沐春风，因而愿意与你交往；而不拘小节，言语粗俗，则会让人心生不满，厌而远之。孩子从小就要不断提高自己的修养，因为人际关系往往决定我们的前途和命运。只有礼节仪表同质朴的品格结合，才是一个有教养的人。所以父母要从品格与礼仪两方面同时去规范孩子，让孩子养成文明礼貌的好品格，成为有修养的人。

培养孩子讲文明懂礼貌，首先要教育孩子在与他人的交往中待人真诚，努力提高自身素质。要尊重他人，树立起关心帮助他人，与他人团结友爱、互相合作的思想；克服冷漠、孤傲、唯我独尊、自私自利的错误思想和行为。

其次，父母不仅教育，还要注意对孩子平时的训练和强化，使孩子举止文雅，热情大方，懂礼貌，重仪表。这样经过不断地训练，便会欣喜地看到孩子真的长大了，孩子只有懂得并做到这些，才证明他真正掌握了最初的交往技能，懂得了初步的社会行为规范。这是孩子们交往能力发展最理想的前奏。

礼貌决不仅仅是一些刻板的虚假客套，它是一个人修养和品位的体现，是他内心世界的表征。哲学家认为，粗暴无礼是内心虚弱的人想显示强大的手段，反过来，和蔼可亲则是一个人充实和自信的表现。孩子只要懂得了讲文明懂礼貌的具体形式和内容，无论是言谈举止，还是文明礼仪，都会在不同的场合显现出他不同凡响的一面，为他今后的立身处世打下坚实的品格基础。

(1) 父母应以身作则，净化家庭语言环境。家庭是孩子的第一学校，父母的一言一行将对孩子产生重要的影响。孩子的语言表达方式，在很大程度上是模仿父母而形成的。因此父母在家庭中要注意自己的语言，尽量做到不讲粗话脏话，注意自己的形象，给孩子起表率作用。

(2) 配合学校运用规章制度教育孩子。平时父母应配合学校用《小学生手册》和《小学生日常行为规范》中的有关条例来对孩子进行教育，并让孩子对同班同学或同桌同学提出要求，对孩子自身进行监督，一发现讲粗话脏话，同学之间就互相善意地给予指正。

(3) 教育孩子正确处理与他人之间的摩擦。多数情况下，孩子讲粗话脏话是对自己受到伤害后的一种宣泄反应，如被人触犯时往往会用粗话脏话骂人。父母平时就要教育孩子以善良之心看待与他人的摩擦，让他们知道人与人之间随时都会发生不愉快的事情，应该学会宽容，不要为一些小事而生气，同时更要注意不能用粗话来攻击同学。

(4) 坚持要求讲粗话脏话的孩子检讨。当孩子讲粗话脏话后，父母要严肃地批评、教育他。批评时可以向孩子提出：为什么要讲粗话脏话？不用讲粗话脏话的方式"还击"行不行？讲粗话脏话能解决什么问题？被骂者会产生什么态度和采取什么手段报复？让孩子认识到讲粗话脏话不会解决任何问题，只能加深矛盾而影响团结，从而促使孩子主动向被骂者道歉认错，以达到团结的目的。这样，父母坚持数次，孩子就会改掉讲粗话脏话的不良习惯。

人越多越"疯"，适当引导就行

有的孩子见家里来了客人，便拼命地表现自己，一会儿要喝水，一会儿要吃东西，一会儿翻抽屉，甚至为了一点小事大哭大闹，显得不懂礼貌，不能克制自己，以"人来疯"的方式引起别人对自己的注意，表示自己的存在。

崔杰的父母都是作家，平时很喜欢安静，家里很少来客人。而爸爸妈妈也不太喜欢崔杰把自己的朋友带回家玩耍，所以，尽管崔杰的性格活泼好动，可是也只能一个人在家里孤独地望着天花板，实在觉得无聊的时候，也只能靠上网聊天打发时间了。

崔杰整天抱怨，自己再这样下去会得自闭症的。

这天是爸爸妈妈结婚15周年的纪念日，妈妈决定在家里举办聚会。崔杰可高兴了，甚至看起来比父母还兴奋，因为，他终于可以好好地玩个痛快，笑个痛快了。

聚会开始了，崔杰热情地接待来宾，自己也是玩得不亦乐乎。崔杰和大家高声地谈笑，还在众人面前跳起了舞。客人们对崔杰的父母说："崔杰这孩子和你们性格不太一样呀，特别活泼好动。"妈妈笑着回答："呵呵，这个孩子就是一个'人来疯'，闹着呢！"

孩子的"人来疯"有时确实会表现得很夸张，甚至会让父母感到难堪，但孩子的这种表现并不是一种缺陷，更不是一种病或弱点。"人来疯"的举动只不过是孩子想让别人注意自己、重视自己的一种表现。因为：

1. 孩子很寂寞

很多家庭平时生活单调，难以满足孩子活泼爱玩的天性。对于孩子来说，家里来了客人可是一件新鲜事，旺盛的精力恨不得全爆发出来。

2. 孩子受冷落

孩子在2岁以后自我意识开始萌发，知道自己是不同于别人的独立个体，希望大家能注意到自己的存在。如果家里来了客人，父母只顾着待客，忽略了孩子，他就会使出浑身解数来吸引家长和客人的注意。

3. 孩子有欲求

现在的孩子都是"小人精"，他们知道，有客人在场的时候，凡事都好商量，很多要求在这个时候都会得到满足，所以家里来了客人，他们就特别闹，一会儿这样，一会儿那样，为的是使父母满足自己的欲求。

4.孩子爱表现

孩子三四岁以后，社会性开始发展，愿意与人亲近，但是缺乏社交技巧，一不小心就表现过头了。还有些孩子神经系统的兴奋过程比抑制过程占优势，不善于控制自己的情绪情感。客人夸奖几句，他就更来劲了。

对于孩子"人来疯"的问题，父母应该首先从自己身上找原因，因为很多时候正是家庭环境的影响，造成了孩子的这种心理状态，因此，营造良好的家庭氛围是解决孩子"人来疯"的根本方法。

（1）父母首先要看到孩子"人来疯"积极的一面。当家里来客人的时候，父母可以让孩子在人前展示自己的特长，跳个舞、唱个歌都可以，由于有客人的注视，孩子会觉得自己很棒。听到客人的夸奖，心里更是美滋滋的，来自外人的夸奖是对孩子最好的激励。

（2）不要过分宠爱孩子，不搞特殊待遇，如果父母不事事都围着孩子转，孩子也就不会要求大家都围着他转了。

（3）当客人来时，还要给孩子适当的注意，不能把他撇到一边。可先向客人介绍一下孩子，然后适当地让孩子也参与到招呼客人的事情上，比如给客人拿水果、递烟灰缸，别忘了对他礼貌、懂事的行为进行及时表扬，这样孩子会产生满足感，觉得父母仍在关注着他，会觉得有安全感，同时也会在这一过程中使得他的良好行为得到强化。

（4）拿出更多的时间陪陪孩子，给孩子讲故事，和孩子一起做游戏，并有针对性地讲一些讲礼貌的小故事。每回客人来时，可以让他露两手"绝技"，比如让他背两首唐诗，让他讲个小故事，或是让客人看看他画的画。感受到关心和认可，孩子就不那么张扬无礼了。

（5）"人来疯"的孩子精力充沛，父母可以把他们引导到一些发展特长的项目上来。父母要从小培养孩子活泼开朗的性格，应意识到"人来疯"是孩子对自我完善的极度渴望，应把孩子过剩的精力用积极的方式释放出来。

（6）多让孩子出去活动，让他与别的小伙伴交往，做些体育活动。经常进行活动，孩子就不会看见什么都兴奋了。

（7）父母要有原则，不要因为外人在场就答应孩子的不合理要求，以此换取一时的安宁。一旦孩子尝到甜头，下次就会故伎重施。无论何时何地，父母的管教原则一定要坚持到底。

最后着重提醒父母，不要整天在别人面前说孩子是"人来疯"，这种话语孩子是不喜欢的，可以换种口吻，说孩子"很活泼""很开朗"，等等。

孩子爱说脏话,光靠打骂是没用的

在生活中,我们会发现有的孩子到了一定的年龄,会突然变得爱说脏话,有的父母要么是狠狠地教训一顿,要么是拉过来揍几下,当时孩子可能不敢再说了,但时间一久依然如故。当父母面对说着粗言秽语的孩子时,指责往往不会产生积极的效果。

那么,家长怎么样才能把这些不雅的词汇从孩子的脑袋里清除出去呢?在此建议家长,千万不要过激,引导才是关键。其实,要解决孩子说脏话问题的前提条件是查明孩子说脏话的原因,然后再有针对性地给予指导。

孩子说脏话按照幼儿的心理发展水平,可分为三种:

1. 模仿性脏话

孩子说脏话往往是从模仿开始的,年幼的孩子往往没有是非观念，别人说一句骂人的话，他觉得很好玩，也跟着骂人，这是孩子说脏话的一种普遍心理。这一时期，如果父母、同伴或是影视节目里说出不雅的语言，都会成为孩子模仿的对象。

2. 习惯性脏话

如果孩子的模仿性脏话得到成人的默许或者赞赏，那么，孩子说脏话就会成为一种习惯。比如，当咿呀学语的孩子突然冒出一句脏话，有些大人非但不制止，还哈哈大笑，这种行为无形中让没有是非观念的孩子认为自己说的是"好话"，为了博得大人的好感，他们就会将"好话"继续下去。

3. 有意识的脏话

三岁以上的孩子说脏话时，除了出于好玩、互相模仿外，还具有一定的选择性，他们能够初步理解脏话的含义，并对特定的对象说脏话，这就是一种有意识的行为。当然，也有些孩子是在与小伙伴发生矛盾或者受了欺负时被迫说脏话，以说脏话来发泄自己的不满。

不管怎样，孩子"出口成脏"，都是父母的责任。那么，如何纠正孩子说脏话的毛病呢？

（1）孩子好模仿，且缺乏是非观，他们往往从电视、电影中，从父母、同伴那里学来许多脏话和一些不健康的儿歌、顺口溜。为此，父母应该做好表率，带头说文明语言，并且要慎重选择影视节目，引导孩子玩文明、健康的游戏，如发现孩子和小伙伴说脏话时，应及时指出并给予纠正。

（2）对偶尔说脏话的孩子，父母应以文明的语言把孩子所要表达的思想、感情重复说一遍，形成正确示范。如孩子经常津津乐道地重复一些脏话，父母应严肃地告诉孩子这句话不文明，爸爸、妈妈和所有的人都不喜欢听，并和孩子一起分析孩子喜欢的、尊敬的成人是怎样说话的。利用榜样的力量，可使孩子认识到说脏话不好。

（3）教给孩子正确表达气愤、激动情绪和处理矛盾的有效方法。告诉孩子和他人发生争执时，可以说"你住口！""请你走开！""你不讲道理，我很不高兴。"或自己先走开等，避免自己或对方说出脏话。

（4）对明知故犯的行为要及时惩戒。当孩子总是故意在说一些粗话脏话，并且在家长多次指出和劝告都无济于事的情况下，父母应该立即采用一些措施来制止孩子的这种行为，使孩子深刻地认识到说脏话会给自己带来的不良后果，从而达到促使他改正的目的。

总而言之，父母要明确地让孩子知道，一个人说话要文明，说脏话的孩子不是个好孩子，要通过正面教育纠正孩子的这种行为，引导孩子用文明语言表达内心感受。

遏制孩子攻击性，首先给他同情心

著名教育家陈鹤琴先生曾经说过："同情行为在家庭里在社会里是一种非常重要的美德。若家庭里没有同情行为，那父不父，母不母，子不子，家庭就不成为家庭；若社会里没有同情行为，尔虞我诈，人人自利，社会也不成为社会了。"人在任何情况下，都只有在与他人的关系中才能实现自身的价值。富有同情心、乐于助人的人，会得到社会的承认和赞许，也会以不同的方式获得他人的同情和帮助。富有同情心会使一个人感到精神上的充实和快乐，并用自己的行为为社会创造一个良好的人际环境。

在德国，宝宝刚学会走路的时候，父母就在家里养小猫、小兔、小乌龟等小动物，并让孩子在亲自照料小动物的过程中学会爱护弱小的生命。幼儿园里也饲养了各种小动物，由孩子们轮流负责喂养，还鼓励孩子用自己积蓄的零花钱来领养小动物。教育家认为，这是从小培养孩子同情心的好办法。在成人社会的倡导下，德国的孩子帮助盲人、老人过马路蔚然成风，更不会在公交车上"抢位子"。然而在国内，由于很多父母本身并没有认识到同情心的重要性，因而忽略了对孩子们这方面的培养，使得很多孩子越成长越自私、越冷漠。如果任其发展下去，就会进入同情的对立面——残忍，具体表现出来，就是一种攻击性行为。

爸爸妈妈每次带着贝贝出去玩耍，看到小狗、猫咪等小动物的时候，她都会兴奋地去追着抓它们，哪怕它们在睡觉也不会手下留情。如果把小动物放在她跟前，让她仔细地看，她会毫不犹豫地使劲去揪毛揪尾巴，无论它们叫得多凄惨，贝贝都无动于衷。平时在奶奶抱着背着她玩的时候，贝贝会把奶奶头发揪得披头散发，奶奶哎哎地喊疼，她却开心地大笑。爸爸妈妈斥责几次，也不见成效。此后贝贝继续她的暴力，不仅限于类似情况。

贝贝的表现与家长的娇生惯养有关系，尤其是奶奶，更是对她宠得不能再宠。久而久之，贝贝习惯了以自我为中心，习惯了养尊处优，很少对别人的痛苦表示关心与安慰。

其实像贝贝这样的孩子并不少，有些孩子喜欢虐待小动物，有的喜欢欺侮有残疾的人，这些都是充满攻击性的残忍行为。有的孩子看到小动物，比如一只蚂蚁，他们就会像狮子一样冲上去，一脚踏上去，把蚂蚁碾成齑粉。孩子的这种残忍行为，与他们认知能力和道德观念浅薄密切相关。因此，在对孩子的教育中，必须增加培养善良情感的内容，防止孩子本能的攻击性行为，使他成为一个富有同情心的孩子，这样他才能心地善良、性情温和，成年后能更好地融入社会，建立良好的人际关系。

充满敌意的攻击性行为往往发生在不相识的对象身上，因此，爸爸妈妈遏制孩子攻击性行为的有效手段之一就是增强他们的认知能力和扩大认知范围。父母经常带孩子到动物园、自然博物馆、水上世界去观看动物，或让孩子饲养小动物，让孩子懂得动物是人类的朋友，这样就可以有效地减少孩子对小动物的残忍行为。

父母可以采取各种教育手段，让孩子对残疾人产生同情心，这是制止孩子欺侮残疾人的有效手段。

孟子说："恻隐之心，仁之端也。"培养孩子的同情心，防止孩子的残忍行为，是培养孩子良好品质和善良情感的起点。

如果孩子总是在施行残忍行为（比如虐待小动物或欺侮残疾人）中得到快乐，那就可能有某种心理障碍了，应该请心理医师诊断和进行行为矫正。

别替孩子代过，让他自己承担责任

责任感的培养是青少年健全人格不可缺少的部分，是能力发展的催化剂。对于子女的教育绝不能忽视这一点，否则会铸成孩子骄傲、放纵、粗暴、自私、事事依赖、缺乏主见的不良品格，最终被当今竞争与合作并存、机遇与挫折交错的社会淘汰。

父母要让孩子明白：自己的言行会对别人产生什么样的影响，进而明白责任的完成与否对自己未来的人生发展有什么作用。父母应该让孩子学会承担责任，当你的孩子说"现在的事情都是我自己选择的结果""这件事情我做得很糟，是我没计划好，不过我会尽力弥补的"，那就表明孩子真正懂得了什么是责任。

小梅和楚楚是一对好朋友，两人从幼儿园起就是同班同学了，然后又是小学的同班同学，现在升入初中了，又分在了一个班。她

第7章 请遵守礼仪
不管穷养富养，都不如给孩子一个好教养

俩感情好得就像一个人一样，比亲姐妹还要亲呢！

可是牙齿还有咬到舌头的时候，这天这对好友吵架了。原来，楚楚向小梅借了一支钢笔来写字，可是写着写着，却不知怎么坏了。小梅可心疼了，这是爸爸从国外给小梅带回来的，平时自己都不舍得用，现在借给楚楚用，谁知道她却没有保护好。小梅埋怨道："这支笔我都舍不得用，现在可好，你却把它弄坏了。"

楚楚很抱歉，她小心翼翼地说："对不起，我也不知道怎么就坏了。要不，要不我给你买一支新的吧？"

在气头上的小梅说道："你上哪里去买呀？这是我爸在国外帮我买的……"

楚楚感到很委屈，她咬着嘴唇说："是，我买不起，对不起了。"两个好朋友就这样因为这支钢笔吵翻了。

小梅回到家，感到很失落。妈妈看到了，便上前询问："怎么啦，不是到楚楚家写作业了吗？回来就这个脸色？"

小梅回答道："我刚才和楚楚吵架了，谁叫她不好好爱护我的钢笔。"

妈妈接过话茬："钢笔，就是那支你爸帮你买的钢笔吗？"

"嗯。"

"哎哟，那是昨天你表弟弄坏的，我还没来得及和你说呢。"

小梅这下急得都快要哭了："你怎么不早说，害我错怪楚楚，怎么办？我算是羞死了！"小梅一边跺脚，一边擦着眼泪。

妈妈看到女儿这般难过的情形，不知道如何是好，妈妈安慰道："别哭了，要不，妈妈帮你去和楚楚说对不起，这总行了吧。宝贝，别哭了。"

很多父母总是喜欢帮孩子承担一切事情和烦恼，还有的父母甚至连子女的错误都要包揽在自己身上，要代替孩子给人道歉，故事里面的妈妈就是这样的人。这些父母不知道，这样的做法对于培养一个有责任感的孩子来说，是有百害而无一利的，会让孩子学会事事推卸责任，而不是勇敢地为自己的过失负责。

其实，当孩子在社会上遇到某种挫折时，正是培养孩子责任感的最佳机会。如果父母对孩子说"妈妈代你去说对不起……"，反而会使孩子心中已经萌芽的责任感坍塌，原本可以自己解决的问题反而变得复杂化了。

责任心的培养就是要从家庭到学校，从小事到大事，从具体到抽象。那么父母如何对孩子进行责任感的培养呢？

（1）从小处着眼，让孩子在家庭的岗位上感受到责任的分量。例如，让孩子去干家务便能培养孩子的责任感。

（2）要让孩子对自己的行为负责。当孩子做出某项决定或承诺的时候，告诉他要对此决定的后果负责，不管结果怎样，都不可以推诿和埋怨，要让孩子自己承担责任，而不要帮其代劳。

人际关系的圆满在于坦荡的心智，主动交流，不怕被拒绝。孩子人际关系网的形成，要靠他自己去建立。

错爱七　多少家长，忘了教孩子学会孝敬

孝敬父母是中华民族的传统美德，是做人的起码规范，不懂得孝敬父母的人，在社会上就不会宽容别人。连自己的父母都不能孝敬的人，一定是一个自私自利的人。

教育孩子孝敬父母，决不单是骨肉亲情的小事。其实，孝敬父母也体现出一个孩子能否关心他人、设身处地地为他人着想的性格。家长心里都非常清楚，如果一个孩子连最基本的孝敬父母都做不到，以后是不可能做好任何事情的。因此，一定要重视培养孩子孝敬父母的好品德。

孩子的孝心需要从小培养。面对孩子，不要抱着"树大自然直"的侥幸心理，从小培养孩子的孝心，长大了他们才会懂得关心老人、孝敬老人。

（1）让孩子知道父母为孩子和家庭付出的辛苦。家境困难的，使孩子了解家庭的经济状况，懂得生活应该俭朴，与父母共同克服困难；家境富裕的，要让孩子知道富裕是父母辛勤劳动换来的，要在学习、品德上努力上进，珍惜父母的劳动所得。

（2）通过具体要求和训练培养孩子孝敬父母的行为习惯。教育孩子孝敬父母不是抽象的说教，而是有具体内容的训练。如教孩子学会根据性别年龄称呼"叔叔""阿姨""老爷爷""老奶奶"等；

听父母说话时要认真，眼睛不东张西望，不插嘴；父母批评时不顶嘴，不任性；在家要当父母的小帮手；要知道父母的生日，主动为父母祝贺生日；有好吃的，先让父母尝，等等。

（3）要持之以恒。对孩子的正确要求应坚持到底，不能紧一阵松一阵。不高兴时对孩子要求过严，高兴了又恨不能把孩子捧在手心里，什么也不让他们干。不连贯或不一致的教育方式会影响孩子良好习惯的形成。

（4）父母要以身作则。孩子对父母的态度在很大程度上受到父母对祖父母、外祖父母态度的影响。家长首先应以身作则，成为孩子学习的表率。

（5）营造民主和谐的家庭气氛。严厉过度的父母只会培养出表面温顺、背后倔强的孩子。只有在民主气氛下培养出来的孩子才会真正理解父母，站在父母的立场和角度为父母分忧解愁。

中国的很多家长，只知道为孩子付出，却从来没有教育他们感恩和回报，这是大错特错的。古人云"百善孝为先"，培养孩子的孝心是教育孩子学会做人的第一步。为了我们自己，也为了社会，为人父母者，千万不要把孩子宠惯成一个没有爱心的自私、冷酷的人！

第8章

交朋友规范

教孩子社交守规矩，找到亲密无间小伙伴

大多数孩子的社交技能并非与生俱来，
需要指导孩子才懂规矩。
如果你的孩子在社交方面存在困难，
你需要一个切实有效的解决方案，
让孩子懂得社交规则，
让孩子知道如何表现得体。

孩子的暴力倾向，我们怎样科学阻挡

一项心理调查显示：现在越来越多的孩子有暴力倾向。7 岁到 13 岁之间的孩子，23.9% 承认自己有通过暴力手段解决问题的想法。这是一个令人触目惊心的数字，家长们必须明白孩子暴力习惯的危害，及早通过训诫的手段纠正这种不文明的行为。

有这样一个男孩，他是一个聪明的孩子，成绩优异、家境优越，父母对他宠爱有加。可他在 13 岁那年，用刀捅伤了同学，进了少年劳教所。后来，他对发生在自己身上的悲剧做了反思："从小到大，爸爸妈妈给我的教育就是：只要学习好，犯了什么错都不是错，父母都不会责怪我。因此，我变得很任性。可能是任性造成了我的一种霸气，我的个头在班上最高，成绩也好，同学们都很服我。上中学时，爸爸妈妈告诉我要学习好，然后就是在外不能吃亏，不能

第 8 章　交朋友规范
教孩子社交守规矩，找到亲密无间小伙伴

被别人欺负。如果我吃了亏，被别人欺负了，他们肯定会认为我窝囊，没有用。记得小时候，有一次我带了玩具飞机去幼儿园，小朋友们抢着玩，有一个小朋友玩着玩着居然不给我了。我急了，夺过飞机就朝他脑袋上砸去，把他的头砸出了血。家里赔了人家钱，我很害怕，以为回家要被处罚。哪知道，爸爸妈妈并没有责备我。我读小学四年级时打了同学，同学父母找到我家里来，我爸爸向人家赔了不是。送走了人家后，他对我说，'看这小子，懂得教训别人了。'妈妈告诉了我道理，她说，只要不被别人欺负，怎么做都行。当我去中学读书时，她对我说，现在的孩子都很霸气，你要是不让别人怕你，你就会被别人欺负。现在回过头来想想，我觉得父母对我的这些教育是不正确的，我在学校打人的习惯正是父母错误教育诱导的结果。"

这个悲剧也引起了很多家长的反思，于是他们纷纷严厉管教孩子，纠正孩子爱打人的习惯。但是家长虽然有这个良好心愿，但往往不知道怎样教育孩子，因而常常产生反效果。

天恩是个 7 岁的孩子，刚刚上小学一年级，不过半年来，他已经给父母惹了一大堆麻烦，为什么呢？就因为他爱打人！上学才三天，就把一个小女孩的膝盖踢破了，后来又把同学的头打破了，再后来还划伤了同学的胳膊……为了这些事，爸爸妈妈骂过他，打过他屁股，可他还是一犯再犯。有一天，父子正在看电视，电话响了，爸爸接完电话怒气冲冲地拉过天恩就是两巴掌，天恩委屈地大哭大

叫，爸爸更生气了："说过一百遍了，不许打人，你还敢再犯，今天打死你算了！"爸爸又打了下去，这一次，天恩竟然挣扎着用小拳头打爸爸，这让爸爸更生气了："真是太过分了，竟然打爸爸！"结果那天爸爸狠狠地打了天恩一顿后，把孩子丢回房间去"反省"。天恩一个人在地上哭得稀里哗啦，不明白为什么爸爸可以打他，他就不能打人，最后他得出了一个结论，那就是他不能再打同学，只能打比自己小的孩子。

这是很可悲的，爸爸的"教育"只换来了一个消极结果。这都是因为教育方式不当造成的，如果父母能用训诫的方法教育孩子，那么效果一定会好得多。

训诫是一种正面教育方法，采用这种方法的第一步就是指出错误，点明其危害。比如在这个故事中，爸爸不应该拉过孩子就打，而应该先让孩子知道自己犯了怎样的错误，要指出打人是一种野蛮行为，是为人所不齿的，没有人会和打人的孩子玩，再这样下去，他就会失去所有的朋友。

第二步就是分析。如果孩子之间发生了冲突，父母一定要保持冷静，不要立即大声呵斥孩子，让他停止争吵，更不能因为害怕自己的孩子吃亏而护着孩子。应该让孩子自己说清楚发生冲突的原因，然后让他自己提出解决冲突的方法，或者为孩子提一些解决冲突的建议。

第三步是说理。比如，当孩子在玩自己心爱的玩具的时候，别

第 8 章 交朋友规范
教孩子社交守规矩，找到亲密无间小伙伴

的孩子可能过去抢他的玩具，孩子急了就会打人。这时候，父母应该教育孩子对抢他玩具的小朋友说："这是我的玩具，让我先玩一会儿，等会儿我给你玩。"或者让孩子友好地与其他小朋友共同玩。

第四步是对比。父母应当让孩子认识到，打人是一种让人多么不能容忍的行为。在孩子打了人后，就用对比法给他分析问题。例如，"孩子，如果有人打破了你的头，让你流血了，那妈妈一定会非常伤心，非常难过，因为妈妈爱你，希望你永远平安。其他的小朋友也有妈妈，他们的妈妈也爱他们，你打伤了那些孩子，他们的妈妈该有多难过啊！"这种对比可以让孩子深刻认识到自己的错误，反省自己的做法。

第五步是警告。父母应该告诫孩子不要用武力解决和小朋友之间的冲突。父母绝对不会原谅他的打人行为，如果孩子再犯这个错误，就将受到严厉的惩罚。

怕孩子吃亏，也不能教他以牙还牙

孩子打架，是成长过程中的正常现象。父母要引导、要教育，让孩子分清勇敢无畏与蛮横粗暴的区别，而不要纵容孩子报复，更不要袒护。要让孩子讲理，父母首先要明理，否则孩子将成为一个不负责任、强词夺理的人。

小易是个沉静的孩子，在学校里面不太喜欢与人交流。不过，他的学习成绩很好，很多女孩都在暗地里把他称为"酷哥小易"，他在女生里面可是绝对有号召力的。

不过，有些调皮捣蛋的男生看小易不顺眼，说小易故意每天这样装着一副冷酷的样子，让女生为他着迷。拿"捣蛋鬼"阿奇的话来说，"小易就是故意装冷傲的样子，我怎么看，怎么不顺眼！"

这天，班里面进行大扫除，阿奇和几个男生在一边故意偷懒，

第8章 交朋友规范
教孩子社交守规矩，找到亲密无间小伙伴

被老师抓个正着。老师对几个人批评道："你们老是这个样子，劳动的时候从来都是能偷懒就想方设法偷懒。难道你们就不能向小易学习吗？"老师边说边指着正在认真擦窗户的小易说："别人都在卖力地干活，你们却像'小少爷'？"听罢老师的训斥，阿奇心中很恼火，凭什么要拿自己和这个讨厌的小易做比较？

放学时，阿奇在路上遇到回家的小易，便故意找碴儿，和小易争执。阿奇凭借自己的大块头给了小易一拳，小易没有还手，阿奇一溜烟地跑了。

小易回到家，妈妈看到儿子眼角瘀青，焦急地问道："你的脸怎么啦？和人打架了？"

小易回答："没事，刚才被阿奇打了一拳。这样的人，我才懒得理呢！"

妈妈却一副不答应的样子，气愤地说："他打了你，你怎么不打他啊！"

如今社会进入了竞争时代，很多父母也"与时俱进"，不再讲究"温良恭俭让"了。孩子在外面和小朋友打架，回家后不免向父母诉说一番，有的父母就问："他打你没有？"

"打了。"

"他打了你，你怎么不去打他？"

父母把敢不敢与人打架看作孩子有没有竞争意识，而且不断地向孩子灌输这样的观点："太老实了容易受人欺负，就得以血还血，以牙还牙，反正不能吃亏！"

这种教育方法是很危险的，按照父母的推理，别人打你，你就打别人；别人偷你的自行车，你就偷别人的自行车；别人偷窃抢劫，你也偷窃抢劫……在这种教育观点下，孩子很容易变成了一个"占便宜没够、吃亏难受"的人，这样的人无疑不会被社会所接受。

父母们应该知道，这样的所谓算账和报复，只会使孩子之间的打斗更进一步升级，而且可能使无意的伤害转变为有意的报复。有些孩子还会错误地认为父母总是偏向自己，即使自己不对，先打了人也无所谓，最后就变本加厉，肆无忌惮起来。

如果孩子真的挨了打，受了伤，父母最好能保持冷静，倾听孩子的申诉，教导孩子以后尽量避免"用武力解决问题"。同时，也可直接找欺负自己孩子的孩子问清事情真相，教导孩子们应该和睦相处，必要时还可以找对方父母，共同进行教育。

当孩子与人打架时，不要责备孩子怎么不还手，或是叫自己的孩子再去找别人"算账"，正确的方法应该是和孩子一起分析产生矛盾的原因，让孩子自己去理解并找到解决问题的方法。父母还应该找到打架双方的孩子，尽量劝解两人不要打斗，以免事态扩大，造成不良后果。

节制盲目自大，别让孩子自恋没底线

"走开！我根本不需要你的帮助，这样的化学题是难不倒我的！"小松对表示愿意帮助他讲解难题的同桌大声嚷道。

"我的古筝已过6级了，这次晚会理所当然是由我先上台演奏。为什么让华斌上？他学古筝才几天呀！"高二（一）班教室里，传来了李威歇斯底里的喊叫。

"哼，黄老师每次上课都点我的名回答问题，每次都表扬我，为什么今天没有呢？是不是小宇去打过我的小报告？"

"哈哈……张老师今天当着全班同学的面说我的作文写得特棒！哼，看以后谁还敢小看我！"

"凭什么批评我？不就是一次作业没交吗？"童洲边愤愤不平地想，边用笔在纸上画语文老师的肖像，画好后撕掉，撕掉后再接着画。

"和马刚交朋友？不，就他那档次根本不够资格！"王庆对李强说。

……

现在有好多孩子有很强的自恋心理，他们总是自我感觉良好，认为自己与众不同，并且不断寻求外界的赞美，他们往往缺乏自控力，争强好胜，冷漠刻薄，没有爱心。

孩子若是非常自恋，那他们就不会有开阔的心胸，不仅看不起别人，而且会迷失自己。所以培养孩子，就要让孩子远离自恋，不让他们迷失自己。想要纠正孩子的自恋倾向，首先要了解一下孩子自恋的成因。

据心理学家研究，孩子的自恋倾向，大多与家庭环境等有关。当孩子在幼儿时期，由于父母对孩子过分亲昵，从而使孩子的心里面出现自恋倾向。孩子进入童年时，缺乏与外界同龄人的接触，某些父母阻止孩子去结交同龄朋友，让孩子孤独地度过童年，这样也有可能使他产生自恋的倾向。那么，家长应该怎样做，才能不让孩子有自恋的倾向，或让孩子走出自我迷恋呢？

1. 给孩子提供一个健康的成长环境

父母要多关爱孩子，不要让孩子有孤独感、失望感，也不要溺爱孩子。在对待孩子的态度上，父母要把握好尺度。另外，父母在家时，有了矛盾也尽可能不要争吵，至少不要当着孩子的面争吵，否则会使孩子变得冷漠，从而不愿接近别人、相信别人，因此产生自闭或自恋心理。

2. 父母要讲究正确的教育方式

发现孩子有自恋倾向后，父母要先反省一下自己的教育方式，并改进自己的教育方式，鼓励孩子多结交有益的朋友，从一点一滴的小事中去发现别人身上的美与善良，发现别人的优点与特长。这样，孩子在开阔了眼界的同时，也开阔了心胸。当孩子敞开心怀去接纳别人时，就不会再自恋，不会再对别人产生厌恶感了。

孩子需要表扬，但是表扬要适度，要有节制。如父母经常有意识或无意识地当着孩子或他人的面称赞、宠爱自己的孩子，就有可能使孩子从小就自视甚高，这常成为孩子自恋心理产生的基础。所以，父母在表扬孩子时要有分寸，不能够夸大，更不能因为孩子有一次不错的表现，就每天都表扬。

3. 鼓励孩子多结交同龄的朋友

现在的孩子多是独生子女，如果家长不但不为孩子结交朋友提供条件，甚至还加以阻碍，就会促使孩子自恋心理的产生。相反，让孩子多结交朋友，让孩子看到每个人都有自己的优点，都有超过自己的地方，这样孩子的自恋心理就会减弱。

自恋的孩子容易迷失自己，他们没有宽阔的心胸，只有冷漠的眼神；他们没有赏识别人的意识，只有自我陶醉的梦幻。培养孩子，千万不要让他自恋。

让爱挑剔的孩子，学会宽容世界

有些孩子总喜欢对别人或别人做的事说三道四，无论别人做得多好，总是无端地挑剔。孩子爱挑剔的性格，将会影响他的一生，时间一长不仅会使孩子养成自卑、攀比、忌妒的不良习惯，还会丧失宽容的心，影响孩子们的健康成长。

孩子为什么会变成这样？其实，孩子身上的任何问题，都是家长自身问题的映射。父母爱挑剔、不宽容的行为，会让孩子也成为一个不懂得宽容的人。

在一项亲子活动中，10位家长被要求和自己的孩子做一个叫"角色互换情景再现"的游戏。

游戏是这样的，首先由父母和孩子分别扮演他们本来的角色，再由孩子和父母互换角色，也就是孩子扮演父母，父母扮演孩子来

第8章 交朋友规范

教孩子社交守规矩，找到亲密无间小伙伴

完成这个游戏。在这个游戏中，孩子和父母都表现得非常好。但是，当主持人让父母们评价孩子时，几乎所有父母都在挑剔着自己的孩子，认为孩子表现得并不理想。而当主持人让孩子评价父母时，孩子的表现同样如此，他们根本不对父母的表现予以认可。

这个游戏从另一方面也证明了，挑剔的父母所造就出的，往往都是挑剔、不宽容的孩子。孩子的每一种行为都是从模仿开始的，你是否在孩子面前对某件事、某个人嫌东嫌西的？是否也对孩子的很多表现挑剔？如果有，那就不难理解孩子为什么会有挑剔的习惯了。或者说，家长太过于计较细节，追求完美，过分灌输给孩子完美主义也是造成孩子挑剔的一个原因。首先反思自己的行为，才能真正找到孩子爱挑剔的源头。

找到原因，才能对症下药。在面对挑剔的孩子时，家长应该注意以下几点：

1. 父母要做好榜样

在家里经常挨批评的孩子在与别人交往时就爱挑剔别人，所以父母教育孩子不要总是批评，而是要适度赞扬，因为好孩子都是夸出来的。

2. 对孩子进行耐心教导

父母在发现孩子犯了错误时，要像对待成年人那样推心置腹地与孩子进行交流，分析原因，也可以以大人所经历过的事情来举例，告诉孩子怎么做有好结果，怎么做有坏结果。这样孩子不仅学到了做事的方法、办事的态度，在遇到问题时也会与人心平气和地交流，而不是挑剔。

挑剔别人，虽然在一定程度上指出了别人的不足，但是在挑剔别人的那一刹那也暴露了自己是多么苛刻。父母应该让孩子明白，你可以挑剔自己，但绝不能挑剔别人。

对待铁公鸡孩子，如何让他学会分享

在生活中，许多孩子都不愿与其他人分享他的东西。例如，有些孩子不喜欢别人分享他的玩具；有些孩子总是把大的、好的抢到自己的手里；有些孩子在吃饭时总是把自己喜欢吃的菜移到自己的面前。与人分享其实是一件很美好的事！在分享的过程中，如果别人有与自己类似的感受，那种喜悦，那种共鸣，实在足以让人快慰许久。分享最重要的，是那份心意，是那份期盼，是那份热情！

只不过，很多父母出于种种原因，经常向孩子灌输"不要把你的东西借给别人"的错误观点，因而使孩子形成了自私的性格。还有一些独生子女的家庭，做什么事情总以孩子为中心，忽视了对孩子进行共享教育，结果导致孩子在与同龄人相处时感到困难，难以融入集体和社会。在这样的孩子眼中，自己拥有的东西只属于自己，不能与人分享。

晓风在学校里面没有什么朋友，同学们都说他是个自私、小气的人，有什么东西从来不借给别人，就连上课做的课堂笔记都不会随便借给同学看。因此大家都不喜欢和晓风打交道，晓风没有朋友也就不足为怪了。

晓风的抠门完全是受妈妈的影响。晓风小时候，妈妈害怕别的孩子把晓风的玩具弄坏，所以常常嘱咐孩子："不要把你的东西借给别人，知道吗？"就这样，晓风把妈妈教的这个"好习惯"保留了下来。

那天，几年不见的叔叔从老家来看望晓风一家。因为爸爸上班还没有回来，妈妈正在厨房做饭没有时间陪叔叔，叔叔一个人在家里挺无聊的，所以就在晓风的电脑上玩游戏。晓风回来看到叔叔在占用自己的电脑，立刻跑过去，对叔叔说："不要碰我的东西。"叔叔被孩子这么一说，感到很困窘，不知道说什么好，闻声赶到的妈妈也感到特别尴尬。

现实生活中，小气的孩子并不少见。"小气"虽然不是什么大毛病，但如果是一个什么都不愿与他人分享，独占意识很强的人，是很难与他人形成良好的人际关系的。所以，从小培养孩子与他人分享的习惯很重要。为此，父母应该做到下面几点：

1. 不要溺爱孩子

由于现在大多家庭都是独生子女，父母对孩子的溺爱更严重了。很多父母出于对孩子的爱，把好吃的、好玩的全让给孩子，孩子偶尔想与父母分享，父母却在感动之余，常说："我们不吃，你自己吃吧。"长此以往就强化了孩子的独享意识，他们理所当然地把好吃的、好玩的据为己有，导致孩子吃独食，不愿与他人分享。

2. 不能让孩子搞特殊化

父母还要教育孩子既看到自己也要想到别人，知道自己与其他成员是平等的关系。好东西应该大家分享，不能只顾自己不顾别人。自己有愿望，别人也一样有愿望。不要让孩子凡事把自己放到第一位，这样孩子容易养成自私自利的性格。在家庭生活中要形成一定的"公平"环境，这对防止孩子滋长"独享"意识有积极的意义。

3. 让孩子明白分享不是失去而是互利

孩子之所以不愿与人分享，是因为他觉得，分享就是失去。要让孩子明白，分享体现了自己对别人的关心与帮助，自己与别人分享了，别人也会回报自己同样的关心与帮助，这样彼此关心、爱护、体贴，大家都会觉得温暖和快乐。分享其实不是失去，它是一种交流，一种互利。

4. 父母要为孩子树立榜样

一般来说，父母都疼爱自己的孩子，但爱的方法各有不同。父母千万不可对子女百依百顺，要什么给什么，更不要把孩子当成贵宾一样，穿要穿最好的，吃要吃最好的，有好的东西只想到自己。众多家人意见中，如果以孩子意见为准，大人长者皆在其后，久而久之,孩子就成了"小皇帝",主宰家庭的一切。这些孩子在家里是这样,到外面自然也习惯如此。

总而言之,不管什么原因导致的孩子的自私,父母都要严肃对待,千万不可对孩子自私的行为纵容与放任。父母要让孩子学会分享,要让孩子明白分享不等于失去自己拥有的东西,告诉孩子体会到和别人分享自己拥有的东西是一件快乐的事情。与人分享能帮助他人,而帮助了他人自己也会得到快乐。

在生活中,父母还要及时鼓励和强化孩子的共享行为。例如,当孩子把书借给同学时,父母要及时给予肯定:"把书借给同学看,表明你很大方,这样他会很感谢你的帮助,你同时也感到了快乐。"而且还要尽可能地让孩子重复这样的共享行为。

鼓励孩子上学、放学和同社区的孩子一起走,一起玩,一起做作业等。孩子与朋友的关系密切了,他自然会懂得分享的重要和快乐。

让孩子参加一些需要合作的活动,如踢足球、打排球,以及合唱队、兴趣小组等。参加这些活动,孩子会在与他人的合作中找到快乐,也逐渐懂得更好地与人合作、与人共享的重要性。

需要提醒的是,爸爸妈妈要根据孩子的心理特点,给孩子成长的时间,永远不要期望孩子在很短的时间内,变成一个又懂事又大方的孩子。他们的表现可能有时让你感到欣慰,有时却不尽如人意。因为承认孩子的所有权会使他感到分享是在他控制之下的。

错爱八　孩子的自私，有多少是我们给的

当孩子渐渐长大，不少父母发现孩子越发地自私起来，于是他们开始抱怨，抱怨孩子不懂得体谅父母，抱怨他们遇到问题只会埋怨父母，从不愿承担自己的错误和责任。可是爸爸妈妈们，在抱怨孩子自私的同时，可曾想过自己在日常生活中又是怎样做的？

其实，没有哪一个孩子的天性是不好的。正如著名教育专家王东华先生所说："没有教不好的孩子，只有不会教的家长。"每一个孩子的身上，都有父母打下的烙印。面对不断成长的孩子，我们有必要扪心自问，孩子的自私有多少是我们亲自灌输给他的？其实教子做人，首先是要赋予他一颗仁爱之心。

自私自利是爱心的大敌，但它根源于父母的私爱和溺爱。大海靠一滴滴水汇集而成，爱的殿堂靠一沙一石来构建。自小给予孩子同情心和怜悯心的情感，是在他身上培植善良之心。

一点一滴的培养，一言一行的引导，仁慈博大的爱心、人道主义的道德，就会在孩子心头扎下根，就会随着孩子的成长而不断扩展和升腾。

著名教育家苏霍姆林斯基说过："爱的教育应是整个教育的主旋律。"希望父母从自己做起，从小事做起，培养孩子的爱心，让爱在孩子的心灵生根发芽，让爱充满这个美丽的世界。

那么如何培养孩子的爱心呢？

要落实在平时的点滴行动中。引导孩子观察他人的表情，理解别人苦恼悲伤的缘由，努力想出办法来减轻别人的痛苦、烦恼，使大家快乐。

培养爱心，最需要的是情感的熏陶和榜样的示范。特别要以父母本人爱国敬业、关怀长辈和他人的行为去感染子女，让孩子汲取丰富的精神营养，让孩子从小懂得向别人奉献爱心、付出关心可以收获欢欣和快慰。